北京市中小企业 数字化转型
现状、路径和成效

李立威 ◎ 著

企业管理出版社
ENTERPRISE MANAGEMENT PUBLISHING HOUSE

图书在版编目(CIP)数据

北京市中小企业数字化转型：现状、路径和成效 / 李立威著. -- 北京：企业管理出版社，2024.10.
ISBN 978-7-5164-3168-9

Ⅰ.F279.243

中国国家版本馆CIP数据核字第2024Y5Q208号

书　　名：	北京市中小企业数字化转型：现状、路径和成效
书　　号：	ISBN 978-7-5164-3168-9
作　　者：	李立威
策　　划：	张　丽
责任编辑：	张　丽
出版发行：	企业管理出版社
经　　销：	新华书店
地　　址：	北京市海淀区紫竹院南路17号　　邮　编：100048
网　　址：	http://www.emph.cn　　电子信箱：lilizhj@163.com
电　　话：	编辑部18610212422　　发行部（010）68417763　68414644
印　　刷：	北京亿友数字印刷有限公司
版　　次：	2024年11月第1版
印　　次：	2024年11月第1次印刷
开　　本：	710mm×1000mm　　1/16
印　　张：	14.75
字　　数：	180千字
定　　价：	78.00元

版权所有　翻印必究　·　印装有误　负责调换

前　言

中小企业数字化水平关系到中小企业的高质量发展。习近平总书记多次做出重要指示，强调"中小企业能办大事""加快培育一批'专精特新'企业和制造业单项冠军企业""把握数字化、网络化、智能化方向，推动制造业、服务业、农业等产业数字化"。党的二十大报告指出"支持中小微企业发展""支持专精特新企业发展""促进数字经济和实体经济深度融合"。近年来国家已出台多项支持政策，加快推进中小企业数字化转型，支持中小企业"专精特新"发展。各省份也陆续制定了相应配套政策，扶持中小企业数字化、网络化、智能化转型。

中小企业是北京市数量最大的企业群体，北京市要打造高精尖经济结构，推动国际科技创新中心和全球数字经济标杆城市建设，应加快中小企业数字化转型进程，通过数字化带动更多中小企业迈向"专精特新"。在广泛调研的基础上，本书基于"理论分析—现状调研—路径研究—成效评价—政策分析"的链条，旨在深入分析当前北京市中小企业数字化转型的现状、路径和成效，找出北京市中小企业数字化转型面临的实际问题，通过多视角的分析，为北京市中小企业尤其是专精特新企业开展数字化转型和政策制定提供参考。

  首先，本书从影响因素、转型路径和转型结果视角对中小企业数字化转型相关的理论研究进行了系统梳理。在此基础上，基于问卷调研情况，对北京市中小企业数字化转型的驱动因素、转型方式、转型成效、转型投入等进行了多角度的统计分析。基于实地调研和企业访谈，以北京市专精特新中小企业为例，通过扎根理论方法提炼了专精特新中小企业数字化转型的路径，对数字化赋能专精特新中小企业的成效进行了评价。在政策分析部分，分析了国内典型省市推进中小企业数字化转型的主要经验做法，总结了典型国家或区域促进中小企业数字化转型的主要政策，分析了北京市中小企业尤其是专精特新中小企业数字化转型面临的主要问题，为完善北京市中小企业数字化转型政策、加快推动中小企业尤其是专精特新中小企业数字化转型提供借鉴和参考，为推动全国中小企业数字化转型和专精特新中小企业高质量发展提供启发和参考。

  本书是北京市属高校高水平科研创新团队项目"北京市专精特新中小企业数字化转型公共服务体系研究"（编号：BPHR20220122），北京市社会科学基金项目、北京市教育委员会社科计划重点项目"疫情背景下北京市中小服务企业数字化转型研究"（编号：SZ202111417021）的研究成果之一。北京联合大学数字经济与创新中心丁庆洋、庞贝贝、盛晓娟等老师参与了项目的部分调研和研究工作，北京联合大学管理学院工商管理专业硕士研究生成帆和黄于红、电子商务专业本科生李鑫菲等同学在资料整理和数据分析方面做了大量基础性工作，在此表示衷心的感谢。

项目研究和调研还得到了北京市经济和信息化局、北京市各区县中小企业主管部门、北京市中小企业服务中心、北京市中小企业公共服务平台以及北京市多家专精特新中小企业的协助和大力支持，在此表示衷心的感谢。

目 录

第1章 绪论 ··· 001

    第1节 政策背景 ································ 001

    第2节 实践背景 ································ 005

    第3节 数字化转型的概念 ························ 006

    第4节 北京市中小企业发展概况 ·················· 010

    第5节 北京市中小企业数字化转型概况 ············ 011

    第6节 研究内容 ································ 014

第2章 中小企业数字化转型理论研究综述 ············ 019

    第1节 中小企业数字化转型影响因素研究 ·········· 019

    第2节 中小企业数字化转型的路径研究 ············ 025

    第3节 中小企业数字化转型的结果研究 ············ 028

    第4节 本章小结 ································ 031

第3章 北京市中小企业数字化转型现状调研 ·········· 040

    第1节 调研背景 ································ 040

第 2 节　中小企业数字化转型驱动因素 …………… 042

第 3 节　中小企业数字化转型开展领域 …………… 046

第 4 节　中小企业数字化转型开展方式 …………… 050

第 5 节　中小企业数字化转型资源投入 …………… 054

第 6 节　中小企业数字化转型成效 ………………… 068

第 7 节　中小企业数字化转型典型案例 …………… 072

第 8 节　主要结论 …………………………………… 085

第 4 章　北京市专精特新中小企业数字化转型路径研究 … 088

第 1 节　研究背景 …………………………………… 088

第 2 节　文献回顾 …………………………………… 090

第 3 节　研究设计 …………………………………… 094

第 4 节　研究过程 …………………………………… 097

第 5 节　研究结论与启示 …………………………… 102

第 5 章　北京市专精特新中小企业数字化赋能成效评价 … 114

第 1 节　评价指标设计 ……………………………… 114

第 2 节　评价方法 …………………………………… 117

第 3 节　数据来源 …………………………………… 121

第 4 节　数字化赋能的业务环节 …………………… 123

第 5 节　数字化赋能成效的分维度统计 …………… 125

第 6 节　数字化赋能成效的总体统计 ……………… 132

第 7 节　不同细分领域数字化赋能成效的综合评价 ……… 139

第 8 节　主要结论 …………………………………… 153

第 9 节　实践启示 …………………………………… 156

第6章 国内典型省市推进中小企业数字化转型的政策举措 ……………………………………… 161

第1节 上海市：支持专精特新中小企业数字化转型 …… 161
第2节 浙江省：学样仿样推进集群数字化转型 ………… 165
第3节 江苏省：系统推进中小企业"智改数转" ……… 168
第4节 广东省：龙头企业牵引链式转型 ………………… 171
第5节 山东省：强企业、强行业、强区域、强链条 …… 174
第6节 重庆市：六大行动助力中小企业数字化转型 …… 176
第7节 各地推进中小企业数字化转型的政策启示 ……… 180

第7章 国外典型国家或区域推进中小企业数字化转型的政策举措 ……………………………………… 184

第1节 美国推进中小企业数字化转型的政策举措 ……… 185
第2节 日本推进中小企业数字化转型的政策举措 ……… 187
第3节 德国推进中小企业数字化转型的政策举措 ……… 190
第4节 西班牙推进中小企业数字化转型的政策举措 …… 193
第5节 欧盟推进中小企业数字化转型的政策举措 ……… 195
第6节 韩国推进中小企业数字化转型的政策举措 ……… 197
第7节 国外典型国家或区域推进中小企业数字化转型的政策启示 ……………………………………… 199

第8章 北京市中小企业数字化转型面临的问题与政策建议 205

第1节 北京市中小企业数字化转型面临的问题分析 …… 205
第2节 加快推进北京市中小企业数字化转型的政策建议 ……………………………………… 217

第1章
绪　论

第1节　政策背景

中小企业量大面广，是国民经济的重要组成部分，是数量最大、最具活力的企业群体，是中国经济社会发展的生力军。根据工业和信息化部的数据，截至2022年末，中国中小微企业数量已超过5200万户，规模以上工业中小企业经营收入超过80万亿元。中小企业在中国经济的高质量发展中发挥着重要作用，对于提供就业、促进创新、增加税收等具有重要的战略意义，中小企业贡献了50%的税收、60%以上的国内生产总值、70%以上的技术创新、80%以上的城镇劳动就业。

数字化转型是促进中小企业高质量发展的必由之路。作为中国数量最大的企业群体，中小企业是我国数字经济发展的主力军，也是产业数字化转型的主战场。中小企业数字化转型将成为未来较长时间内我国数字经济发展的重点工作之一。习近平总书记指出"中小企业能办大事"，强调要"把握数字化、网络化、智能化方向，推动制造业、服务业、农业等产业数字化"。党的二十大报告指出"支持中小微企业发展""支持专精特新企业发展""促进数字经济和实体经济深度融合"。2023年政府工作报告指出，加快传统产业和中小企业数字化转型，着力提升高端化、智能化、绿色化水平。2024年政府工作报告提出，"深入开展中小企业数字化赋能专项行动"。

从国家层面看，为加快我国中小企业数字化转型进程，国家制定了大量鼓励和促进中小企业数字化转型的支持政策。"十四五"规划和2035年远景目标纲要明确提出，加快数字化发展，建设数字中国。《"十四五"促进中小企业发展规划》和《"十四五"数字经济发展规划》均明确提出了促进中小企业数字化转型的战略部署。

2020年以来，国家先后出台《中小企业数字化赋能专项行动方案》《制造业数字化转型行动方案》等一系列政策文件（见表1-1），从技术、资金、人才、标准、服务体系建设、产品供给、转型标杆案例打造等各个方面对中小企业数字化转型进行规划设计，解决制约中小企业数字化转型的难点和痛点问题，加快推动中小企业数字化转型进程。

表1-1 我国中小企业数字化转型主要政策

政策名称	部门	发布时间	相关内容
中小企业数字化赋能专项行动方案	工业和信息化部办公厅	2020年3月	集聚一批面向中小企业的数字化服务商，培育推广一批符合中小企业需求的数字化平台、系统解决方案、产品和服务，助推中小企业通过数字化网络化智能化赋能实现复工复产

续表

政策名称	部门	发布时间	相关内容
关于推进"上云用数赋智"行动培育新经济发展实施方案	国家发展改革委、中央网信办	2020年4月	打造数字化企业，构建数字化产业链，培育数字化生态。鼓励互联网平台企业为中小微企业提供最终用户智能数据分析服务；鼓励平台企业创新"轻量应用""微服务"，对中小微企业开展低成本、低门槛、快部署服务；鼓励各类平台、开源社区、第三方机构面向广大中小微企业提供数字化转型所需的开发工具及公共性服务；等等
关于支持"专精特新"中小企业高质量发展的通知	财政部、工业和信息化部	2021年1月	推进专精特新"小巨人"企业数字化网络化智能化改造，业务系统向云端迁移；支持公共服务示范平台为国家级专精特新"小巨人"企业提供数字化智能化改造、上云用云等服务；等等
为"专精特新"中小企业办实事清单	国务院促进中小企业发展工作领导小组办公室	2021年11月	打造一批数字化标杆企业，组织100家以上工业互联网平台和数字化转型服务商为不少于10万家中小企业提供数字化转型评价诊断服务和解决方案，推动10万家中小企业业务"上云"；组织开展智能制造进园区活动，面向"专精特新"中小企业开展标准宣贯、现场诊断和供需对接，推广1000个以上应用场景；等等
"十四五"促进中小企业发展规划	工业和信息化部、国家发展改革委、科技部、财政部等19部门	2021年12月	开展中小企业数字化促进工程，推动中小企业数字化转型，推动中小企业数字产业化发展，夯实中小企业数字化服务基础
关于开展"携手行动"促进大中小企业融通创新（2022—2025年）的通知	工业和信息化部、国家发展改革委等11部门	2022年5月	发挥大企业数字化牵引作用，鼓励大企业打造符合中小企业特点的数字化服务平台，提升中小企业数字化水平，增强工业互联网支撑作用

续表

政策名称	部门	发布时间	相关内容
关于开展财政支持中小企业数字化转型试点工作的通知	工业和信息化部办公厅、财政部办公厅	2022年8月	提升数字化公共服务平台服务中小企业能力，打造一批小型化、快速化、轻量化、精准化的数字化系统解决方案和产品，形成一批可复制可推广的数字化转型典型模式，打造4000~6000家"小灯塔"企业作为数字化转型样本
中小企业数字化转型指南	工业和信息化部	2022年11月	助力中小企业科学高效推进数字化转型，提升为中小企业提供数字化产品和服务的能力，为有关负责部门推进中小企业数字化转型工作提供指引
关于开展中小企业数字化转型试点城市试点工作的通知	财政部、工业和信息化部	2023年6月	以城市为对象支持中小企业开展数字化转型；支持地方政府综合施策，探索形成中小企业数字化转型的方法路径、市场机制和典型模式；等等
中共中央、国务院关于促进民营经济发展壮大的意见	中共中央、国务院	2023年7月	鼓励民营企业开展数字化共性技术研发，参与数据中心、工业互联网等新型基础设施投资建设和应用创新。支持中小企业数字化转型，推动低成本、模块化智能制造设备和系统的推广应用
关于健全中小企业公共服务体系的指导意见	工业和信息化部	2023年11月	突出服务重点；创新服务方式；汇聚服务资源、增强服务能力；提升公共服务影响力；等等
制造业数字化转型行动方案	国务院	2024年5月	要加大对中小企业数字化转型的支持，与开展大规模设备更新行动、实施技术改造升级工程等有机结合，完善公共服务平台，探索形成促进中小企业数字化转型长效机制
关于进一步支持专精特新中小企业高质量发展的通知	财政部、工业和信息化部	2024年6月	进一步提升专精特新中小企业创新能力和专业化水平，增强产业链配套能力，加大对专精特新中小企业培育赋能，发挥专精特新"小巨人"企业示范引领作用，促进更多中小企业专精特新发展

资料来源：根据相关政策归纳整理。

第 2 节 实践背景

在国家和地方政策支持下，中小企业数字化转型取得明显的进展。近年来，工业和信息化部积极推动中小企业数字化转型试点工作，遴选了近百家服务商，覆盖 38 个细分行业，推动了 2000 多家中小企业进行数字化改造，有 30 个城市被纳入了第一批数字化转型城市试点范围。

从转型意愿看，中小企业开展数字化转型意愿持续提升，数字化转型水平持续提升。中国工业互联网研究院发布的《全国中小企业数字化转型发展报告（2023 年）》显示，参与测评的 15.9 万家中小企业中，超七成企业的数字化水平进入局部优化及以上阶段，超 60% 企业在半数以上关键业务的生产过程中实现了可视化和精益管理，以上数据说明，中小企业开展数字化转型的主观意愿、基础条件、能力水平持续向好。

从转型深度和水平看，总体上我国中小企业大部分还处于转型的探索阶段。中小企业大部分是民营企业。据全国工商联经济服务部、中国宏观经济研究院等机构联合发布的《2022 中国民营企业数字化转型调研报告》，大部分民营企业认为自身仍处于数字化转型的初步探索阶段，38.16% 的受访企业反映其主营业务尚未进行数字化转型，处于初步探索阶段的受访企业占比 38.81%。以上调研结果说明，虽然中小企业数字化转型意愿持续增强，但是总体上中小企业数字化程度还有待提升。

专精特新中小企业作为中小企业中的优质群体，数字化转型意愿和水平均高于普通中小企业。各地在"专精特新"企业认定工作开展过程中，"精细化"和"新颖化"两项评价指标中要求企业数字化建设达到一定水平。中国工业互联网研究院发布的《全国中小企业数字化转型发展报告（2023年）》显示，专精特新中小企业数字化转型进入局部优化及以上阶段的占比接近80%，高于全国中小企业平均水平。专精特新"小巨人"企业转型深度和广度均有明显领先优势，特别是在研发设计、质量管控、产品服务等重点环节，数字化水平更是显著高于其他中小企业。

尽管目前我国中小企业数字化转型取得了积极进展，但是总体上很多中小企业一定程度上仍然面临"不想转""不能转""不会转""不敢转"的问题，中小企业数字化转型程度低，成为我国产业数字化转型的难点之一。据中国电子信息产业发展研究院发布的《中小企业数字化转型研究报告（2024）》，当前我国中小企业数字化转型仍然面临转型规划和战略缺乏、基础薄弱转型能力不足、数字化人才缺乏、数字化转型成本高等问题。中小企业自身发展固有的融资、人才等难题与数字化转型的高投入和高风险等相互影响，中小企业在现实中仍然面临着复杂的转型难题。

第3节 数字化转型的概念

虽然数字化转型的概念在实践和理论研究中得到广泛应用，但是不同的人对于数字化转型概念的认识仍然存在很大的差异。

归纳起来，目前对于数字化转型的概念大体形成了技术视角、组织视角和产业视角等不同的认识。

一、技术视角

技术视角强调企业对数字技术的应用和数据要素的价值。数字技术是企业实现数字化转型的支撑条件。对于数字化转型涉及的技术，不同行业和不同类型的企业具有差异性，目前企业应用比较多的数字技术主要包括移动互联网、大数据、云计算、工业互联网、人工智能、区块链等。Fitzgerald等（2014）认为，数字化转型是使用新的数字技术如社交媒体技术、移动技术、分析或嵌入式设备，来实现重大业务的提升，例如增强客户体验或创建新的业务模式。Sebastian等（2017）参考了成功的数字转型者，提出企业应将转型战略重点放在"SMACIT"（社交化-Social，移动化-Mobile，大数据分析-Analytics，云计算-Cloud和物联网-IoT）上。事实上，数字技术并不是指任何单一的技术，而是指一套复杂的数字软件和硬件。吴江等（2021）提出，数字组件、数字基础设施和数字平台是数字化转型的重要支撑条件。Capello等（2022）认为，智能自动化和先进数字化技术是两种占主导地位的现代技术，它们的大规模采用预计将从根本上改变制造业生产过程的组织，以及服务的创建和提供模式。对于数字化转型，企业和组织不应局限于特定的技术，而是要选择适当的技术来实现预期目标。

二、组织视角

组织视角强调数字化转型的结果和对企业业务流程、产品创新、商业模式和组织结构等方面的影响。现有的数字化转型文献强调了技术进步影响下组织变革和重组的重要性（Plekhanov等，2022）。数字化转型是企业运用数字技术的创新过程，其不仅包括技术问题，也包括组织战略问题，企业需要重塑愿景、组织结构、流程、能力和文化，以适应高度变化的数字环境（Gurbaxani等，2019）。Vial（2019）认为，数字化转型是指通过信息、计算、通信和连接等数字技术的应用，引发对组织属性的变革来改善企业的过程。Matt（2015）认为，数字化是将信息从模拟世界转换为数字世界，或者通过信息和通信技术实现流程化，而数字化转型与公司的商业模式、产品、流程和组织结构的变化有关。黄丽华等（2021）认为，企业数字化转型是利用先进技术、数据资源重塑企业战略目标、业务流程、组织框架以及商业模式从而实现企业及消费者价值同步提升的过程。倪克金和刘修岩（2021）认为，企业数字化转型是将先进数字技术引入生产管理、组织运营和研发创新等环节的过程。李琦等（2021）认为，企业数字化转型是企业利用数字技术对市场机遇和环境变化进行识别，通过各类具体的技术进行组合并应用，最终引致企业的各项业务活动、流程设计、能力更迭和商业模式的转变。吴江等（2021）认为，数字化转型是通过信息、计算、沟通和连接技术的组合，重构产品和服务、业务流程、组织结构、商业模式和合作模式，旨在更有效地设计企业商业活动的过程，从而帮助企业创造和获取更多价值。

Hanelt 等（2021）从战略变革角度将数字化转型定义为数字化技术与业务战略的深度融合，通过学习、创新、整合和协作等机制，系统地转变资源、能力、业务模式、流程、产品、服务甚至业务生态系统。

三、产业视角

数字化转型是企业顺应时代化发展需要的重要战略。越来越多的企业和企业管理者将数字化转型战略作为企业的核心战略之一，产业视角更多是从数据要素和价值视角定义数字化转型。国务院发展研究中心（2017）认为，数字化是指利用新一代信息技术，构建数据的采集、传输、存储、处理和反馈的闭环，打通不同层级与不同行业间的数据壁垒，提高行业整体的运行效率，构建全新的数字经济体系，并把我国的数字化转型分为四个阶段：数字化转型试点阶段（2018—2020年）、中小企业进行数字化转型（2021—2025年）、企业内到行业的集成（2026—2030年）和构建完整的生态系统（2031—2035年）。

2022年颁布的国家标准《信息化和工业化融合数字化转型价值效益参考模型》中提出，数字化转型是指深化应用新一代信息技术，激发数据要素创新驱动潜能，建设提升数字时代生存和发展的新型能力，加速业务优化、创新与重构，创造、传递并获取新价值，实现转型升级和创新发展的过程。该标准强调，开展数字化转型，应把握如下四个方面：一是数字化转型是信息技术引发的系统性变革，二是数字化转型的根本任务是价值体系优化、创新和重构，三是数字化转型的核心路径是新型能力建设，四是数字化转型的关键驱动要素是数据。

SAP（思爱普）公司认为，数字化转型是企业利用数字化技术与思维方式，重新规划业务模式、流程，转变企业文化内核的过程，它涉及业务模式创新、流程优化、数据驱动决策以及安全隐私保护等多个维度，有助于提高企业的运维管理能力，促进企业可持续发展。数字化转型强调数据在管理与决策过程中的重要性，因此建立统一而高效的数据管理平台是数字化转型的关键。同时，在数字化转型过程中企业生产的驱动力开始转向以消费者为中心，生产能够满足消费者需求的产品。

第 4 节　北京市中小企业发展概况

根据《2023年北京市中小企业发展报告》，2023年，北京市在营中小微企业约为201.4万家，同比增长10.05%，日均新设中小企业近800家。从统计数据看，2023年12月末，规模以上中小微企业共3.6万家，1~12月实现营业收入8万亿元，同比增长1.9%，利润总额5873.3亿元，同比增长54.4%。全市规模以上中小微企业研发费用1486.1亿元，同比增长0.2%，全年企业认定登记技术合同7796.5亿元，同比增长4.8%。

中小企业是北京市数量最大的企业群体，而专精特新中小企业则是技术创新和北京市高精尖产业的主体。专精特新中小企业作为北京市中小企业的优质群体，对经济贡献作用显著。2023年，北京市累计认定创新型中小企业11164家，市级专精特新中小企业 7180 家，国家级专精特新"小巨人"企业 795 家，专精特新"小巨人"数量连续两年位于全国各城市之首。2023 全年北京市规模以上专精特新工业企业产值 3224.4 亿元，同比增长 5.2%，规模以上专精特新服务业企业营业收入 5016.9 亿元，同比增长 6.1%，呈稳步发展态势。2023 年，北京市专精特新上市企业 153 家，占上市企业总量的三分之一，总市值超 1 万亿元。全年实现净税收超 360 亿元，带动就业近 60 万人，户均从业人员 83 人/家，是北京市中小企业平均水平的 9 倍。

第 5 节　北京市中小企业数字化转型概况

北京市企业数字化转型工作一直走在全国前列，北京市是国内各省市中最早探索推进中小企业数字化转型工作的城市之一。2020 年 12 月 31 日，北京市出台《北京市经济和信息化局推进国家服务业扩大开放综合示范区和中国（北京）自由贸易试验区建设工作方案》，在国内率先明确提出了推动中小企业数字化赋能，支持有基础、有条件的中小企业加快传统制造装备联网、关键工序数控化等数字化改造、设备上云和业务系统向云端迁移，培育一批面向中小企业的数字化服务商。从国家提出中小企业数字化转型的政策指引以来，北京市积极贯彻党中央、国务院及工业和信息化部等部委的相关政策，陆续出台多个支持中小企业数字化转型的政策文件，将中小企业数字化转型政策与促进企业"专精特新"发展政策有机结合，相关政策如表 1-2 所示。为支持中小企业专精特新发展，加快推动中小企业数字化转型，近年来，北京市先后出台了《关于推进北京市中小企业"专精特新"发展的指导意见》《北京市关于促进"专精特新"中小企业高质量发展的若干措施》《关于实施十大强企行动激发专精特新企业活力的若干措施》《北京市制造业数字化转型实施方案（2024—2026年）》等一系列文件和政策，加快推动中小企业尤其是专精特新企业数字化转型。

表1-2 北京市中小企业数字化转型主要政策

政策名称	部门	发布时间	相关内容
关于推进北京市中小企业"专精特新"发展的指导意见	北京市经济和信息化局	2019年12月	计划培育认定一批北京市"专精特新"中小企业，建立企业培育库，加快形成滚动发展、梯队培养格局，不断提高全市"专精特新"中小企业的数量和比重，提高中小企业的整体素质
北京市关于促进"专精特新"中小企业高质量发展的若干措施	北京市经济和信息化局	2021年12月	支持企业申请智能化、数字化和绿色化技术改造项目，对符合条件的项目给予最高3000万元的奖励。建立北京智能化绿色化评估诊断体系，资金支持专业服务商，为企业免费开展智能、绿色诊断评估。遴选工业互联网优秀服务商，建立企业数字化转型资源池。通过中小企业服务券等方式，推广一批优质平台、方案、产品和服务。定期开展企业"上云上平台"业务培训和供需对接活动。每年遴选不少于30家数字化转型标杆企业
关于实施十大强企行动激发专精特新企业活力的若干措施	北京市经济和信息化局	2023年6月	实施"数智转型"行动。通过中小企业服务券支持专精特新企业开展数字化转型诊断。支持制造业专精特新企业开展数字化转型升级，按照合同额的20%给予最高100万元的资金支持。鼓励专精特新企业实施上云上平台改造，按照合同额的30%给予最高30万元的资金支持。优选推荐专精特新企业申报国家数字化赋能相关试点项目

续表

政策名称	部门	发布时间	相关内容
北京市制造业数字化转型实施方案（2024—2026年）	北京市经济和信息化局	2024年2月	以智能制造为主攻方向，以数字化赋能为重要手段，在"新智造100"工程的基础上，构建制造业数字化转型体系，以平台、产业链、园区推动数字化转型，加强数字化转型示范推广，力争实现规模以上制造业企业全面数字化达标

资料来源：根据相关政策归纳整理。

专精特新中小企业的数字化转型是北京市政策支持的重点。2022年8月，《北京市经济和信息化局关于开展2022年中小企业数字化转型试点工作的通知》中指出，优先支持服务"专精特新"数字化转型。2022年以来，北京市经济和信息化局开展中小企业数字化赋能补助项目征集工作，支持中小企业上云上平台改造，支持"专精特新"制造业企业购买数字化赋能服务或产品，给予资金补助。

2022年，北京市经济和信息化局聚焦智能制造领域，先后分两批完成了"专精特新"制造业企业数字化赋能奖励项目的申报、审查和评审工作。数字化赋能项目奖励资金采取后补助的方式，对2021年7月1日至2022年9月30日期间，北京市"专精特新"制造业企业购买数字化赋能服务或产品，且验收合格的合同额累计100万元（含）至500万元（不含），合同额20%作为奖励上限，最高不超过100万元。2023年在延续2022年政策基础上，北京市经济和信息化局按照制造业和非制造业两个方向进行了细化。方向一是支持"专精特新"中小企业上云上平台，对2022年10月1日至2023年9月30日期间，北京市"专精特新"

中小企业上云上平台改造，且验收合格的合同额累计超过10万元（含），按照不超过合同额的30%，给予最高30万元的补助。方向二是支持制造业"专精特新"中小企业开展数字化赋能行动，对2022年10月1日至2023年9月30日期间，北京市"专精特新"制造业企业购买数字化赋能服务或产品，且验收合格的合同额累计超过100万元（含），按照不超过合同额的20%，给予最高100万元的补助。2022年以来，北京市共有551家专精特新中小企业获得数字化赋能补助，数字化水平大幅提升。2023年和2024年北京市昌平区和顺义区先后成功入选全国中小企业数字化转型试点城市。

从横向比较来看，北京市中小企业数字化转型水平在全国居于领先位置。其中北京市专精特新企业数字化转型水平整体较高。根据《北京市专精特新企业发展报告（2023）》，北京市自愿参评的4744家专精特新中小企业中，近半数（47.9%）专精特新中小企业数字化转型达到了三级以上水平，即实现了全部主营业务数字化管控，实现数据驱动的业务协同与智能决策；27.1%的企业达到了一级水平，开展了基础业务流程梳理和数据规范化管理；25.0%的企业达到了二级水平，实现了单一业务数字化管理。

第6节 研究内容

中小企业是北京市数量最大的企业群体，北京市要打造高精尖经济结构，推动国际科技创新中心和全球数字经济标杆城市建设，须加快中小企业数字化转型进程，通过数字化带动更多中小企业迈向"专精特新"。本书基于"理论分析—现状调研—路径研究—成效评价—政策分析"的链条，旨在深入分析当前北京市中小企业数字化转型的现状、转型路径和成效，通过多视角的分析，为北京市中小企业尤其是专精特新企业开展数字化转型和政策制定提供参考。主要研究内容如下。

第一章是绪论。本章主要介绍了中小企业数字化转型的政策和实践背景，数字化转型的概念，北京市中小企业发展及数字化转型概况等相关内容。

第二章是中小企业数字化转型理论研究综述。本章基于"前因—过程—结果"的逻辑，对中小企业数字化转型相关理论研究的文献进行梳理，理清中小企业数字化转型的理论逻辑。

第三章是北京市中小企业数字化转型现状调研。本章从数字化转型的驱动因素、开展领域、开展方式、资源投入、转型成效和存在问题等方面对北京市中小企业数字化转型现状进行了问卷调查，采用统计分析法对北京市中小企业数字化转型现状和不同类型企业的差异性进行了分析。

第四章是北京市专精特新中小企业数字化转型路径研究。本章以北京市专精特新中小企业为例，在企业调研的基础上，通过扎根理论方法提炼了专精特新中小企业数字化转型的阶段和路径，重点分析了每一阶段企业可能面临的重点和难点问题。

第五章是北京市专精特新中小企业数字化赋能成效评价。本章从成本、效率、效益、创新四个维度构建数字化赋能效果评价体系，基于北京市专精特新企业调研数据，对数字化赋能成效进行了总体评价和分维度的比较分析。

第六章分析了国内典型省市推进中小企业数字化转型的政策举措，为完善北京市中小企业数字化转型政策提供借鉴和参考。

第七章总结了国外典型国家或区域促进中小企业数字化转型的政策举措，总结对我国中小企业数字化转型的政策启示，为完善我国中小企业数字化转型政策提供借鉴和参考。

第八章是研究结论和政策建议。本章综合各章节的研究内容，分析总结了北京市中小企业数字化转型面临的问题和政策建议。

本章主要参考文献

[1] 中国工业互联网研究院. 全国中小企业数字化转型发展报告（2023年）[R/OL]. https://www.china-aii.com/yjbg/index.jhtml.

[2] 中国电子信息产业发展研究院. 中小企业数字化转型研究报告（2024）[R/OL]. http://www.ccidthinktank.com/info/1155/39677.htm.

[3] 中国电子技术标准化研究院. 中小企业数字化转型分析报告（2021）[R/OL]. http://www.cesi.cn/202205/8461.html.

[4] 全国工商联经济服务部，腾讯研究院. 中国民营企业数字化转型调研报告（2022年）[R/OL]. https://www.digitalelite.cn/h-nd-4967.html.

[5] 阿里云研究院. 专精特新企业数字化转型升级研究报告[R/OL]. http://xxzx.guizhou.gov.cn/dsjzsk/zcwj/202312/t20231204_83177862.html.

[6] Fitzgerald M, Kruschwitz N, Bonnet D, et al. Embracing digital technology: a new strategic imperative[J]. MIT Sloan Management Review, 2014, 55（2）: 1.

[7] Sebastian I M, Moloney K G, Ross J W, et al. How big old companies navigate digital transformation[J]. Mis Quarterly Executive, 2017, 16（3）: 197-213.

[8] 吴江, 陈婷, 龚艺巍, 等. 企业数字化转型理论框架和研究展望[J], 管理学报, 2021, 18（12）: 1871-1880.

[9] Capello R, Lenzi C, Perucca G. The modern solow paradox. in search for explanations[J]. Structural Change and Economic Dynamics, 2022, 63: 166-180.

[10] Plekhanov D, Franke H, Netland T H. Digital transformation: a review and research agenda[J]. European Management Journal, 2022.

[11] Vial G. Understanding digital transformation: a review and a research agenda[J].The Journal of Strategic Information Systems, 2019, 28（2）: 118-144.

[12] Matt C, Hess T, Benlian A. Digital transformation strategies[J]. Business & Information Systems Engineering, 2015, 57（5）: 339-343.

[13] Gurbaxani V, Dunkle D. Gearing up for successful digital transformation[J]. Mis Quarterly Executive, 2019, 18（3）: 209-220.

[14] 黄丽华, 朱海林, 刘伟华, 等. 企业数字化转型和管理: 研究框架与展望[J]. 管理科学学报, 2021, 24（8）: 26-35.

[15] 倪克金, 刘修岩. 数字化转型与企业成长: 理论逻辑与中国实践[J]. 经济管理, 2021, 43（12）: 79-97.

[16] 李琦, 刘力钢, 邵剑兵. 数字化转型、供应链集成与企业绩效——企业家精神的调节效应[J]. 经济管理, 2021, 43（10）: 5-23.

[17] Hanelt A, Bohnsack R, Marz D, et al. A systematic review of the literature

on digital transformation: insights and implications for strategy and organizational change[J]. Journal of Management Studies, 2021, 58（5）: 1159-1197.

[18] 北京市经济和信息化局. 2023年北京市中小企业发展报告[R/OL]. https://jxj.beijing.gov.cn/zwgk/zfxxgk/zfxxgkml/202404/t20240425_3637105.html.

[19] 北京市中小企业服务中心，北京国融工发投资管理有限公司. 北京市专精特新企业发展报告（2023）[M]. 北京：经济管理出版社，2024.

第 2 章
中小企业数字化转型理论研究综述

本章基于"前因—过程—结果"的逻辑，对中小企业数字化转型相关理论研究的文献进行梳理，理清中小企业数字化转型的理论研究逻辑，提出中小企业数字化转型研究的理论框架。

第 1 节 中小企业数字化转型影响因素研究

前因视角的研究主要关注中小企业数字化转型的影响因素等问题。影响因素既包括驱动和促进数字化转型的因素，也包括抑制企业数字化转型的障碍因素和困难。从因素的类型看，既包括组织内部因素，也包括外部环境因素。

一、中小企业数字化转型的驱动因素

1. 组织内部因素

一些学者认为组织因素比如技术和人力等资源对中小企业数

字化转型具有明显的影响。Eller 等（2020）通过实证研究发现信息技术、员工技能和数字化战略对推动中小企业数字化转型有显著的正向影响。Kozanoglu 和 Abedin（2021）从组织可供性视角提出员工数字素养是影响企业数字化转型的重要因素。Ioniță 和 Olteanu（2023）研究发现行业、公司的年龄和销售的产品类型会影响企业数字化转型程度，专业服务业的数字化程度较高，而零售服务业的数字化程度较低，提供实体商品的初创企业的数字化程度最低。Omrani 等（2022）基于欧洲 15346 家中小企业的数据，研究发现技术背景（IT 基础设施和数字工具）以及现有创新水平是驱动中小企业数字化转型的主要因素，此外公司监管、可用技能和财务资源也发挥着重要作用。德国自 2015 年以来已经建立了能力中心，以全面的方法支持中小企业的数字化，Stich 等（2020）基于德国不同行业的 30 家中小企业数字化的案例，发现中小企业成功数字化转型的措施包括资源、信息系统、组织与文化三方面。资源包括资源跟踪和追溯、无纸化生产、IT（信息技术）/OT（运营技术）集成、数字孪生。信息系统包括实施 ERP（企业资源计划）系统、自适应生产和物流规划系统、文档管理系统、生产和质量数据分析等。在组织与文化方面的措施主要包括创新社区、员工会议、精益管理、员工 IT 能力、流程管理、现代销售渠道和数据治理等。

2. 外部因素

受到资源匮乏的限制，中小企业往往需借助于外部生态中的资源推进数字化转型，然而，中小企业在产业链中处于劣势地位，获取外部资源的能力不足，因此，需要由政府和龙头企业（如产业集群）牵头的第三方平台来汇总关键的数字资源，供中小企业使用（Jia等，2024）。有少量学者关注到了外部社会网络关系与企业数字化转型之间的联系。宋晶和陈劲（2022）研究发现社会网络和联结强度对企业的数字化建设具有显著的正向影响。孙国强和李腾（2021）采用模糊集定性比较分析研究发现企业之间的关系联结是企业网络数字化转型的基础。Pelletier和Cloutier（2019）从服务生态系统（企业家、IT专业人员和社会经济支持专业人员）的视角，分析了关系资本在应对中小企业数字化转型中起到的重要作用。企业参与战略联盟能够显著驱动数字化转型，并且高级人力资本结构会强化这一驱动效果。王稳华等（2024）研究发现企业参与战略联盟能够显著驱动数字化转型，战略联盟有助于企业提高协同创新能力、增强数字化投资和抑制管理层短视行为，进而驱动数字化转型。

3. 内外部因素共同驱动

更多的学者认为企业数字转型是一个内部和外部因素共同驱动的过程，主要强调内部资源和外部环境的协同作用。Wiliandri（2020）对印度尼西亚中小企业数字化转型的驱动因素进行了调查，将影响因素分为内外部两个方面：内部因素包括信息技术资源和内部交流、员工技能、数字化战略、内部能力兼容性、内部资源兼容性、商业模式变革；外部因素包括数字技术的发展、数字化竞争、数字消费者行为、政府监管、外部能力兼容性、外部IT顾问等。Jia（2024）通过组态方法研究发现，有效推进中小企业数字化转型需要企业高管、服务商、客户和政府的共同作用，但是外部因素对中小企业数字化转型的影响大于内部因素。张新等（2022）基于TOE框架分析了驱动中小企业数字化转型的条件组态，包括"全要素驱动型""组织—环境导向型"和"组织—环境主导型"等多种路径。杨晶辉和孙凤芹（2023）通过扎根理论研究发现外部宏观环境因素、消费者因素、企业能力因素、企业资源因素、企业发展预期因素对中小企业数字化转型都有显著影响。孔雯（2024）以 2013—2022 年上市专精特新企业为研究对象，从企业内部因素和外部因素两方面探究上市专精特新企业数字化转型的影响因素。企业内部因素中，专精特新企业更高的经营效率、更高的人力资本以及 CEO 的信息技术背景能够促进企业数字化转型；企业外部因素中，更高的行业数字化转型水平、更多的政府补助能够促进企业数字化转型，更高的经济政策不确定性则会抑制企业数字化转型。

二、中小企业数字化转型的障碍因素

1. 资源要素不足

数字化转型的本质是推动组织变革，而与组织人员、战略、业务流程、资源投入等相关的组织因素是中小企业数字化转型过程中面临的主要挑战。

中小企业的技术和知识人才等资源的匮乏、资金短缺、数字化转型意识不足是其转型过程中面临的主要困境。宋烜懿和李佩珊（2023）基于对 3 万多家中国中小企业的调研发现，资金不足、缺乏复合人才和技术不完善是制约企业数字化转型的主要障碍。李勇坚（2022）认为，中小企业在转型时面临着缺乏数据文化和数据管理实践、缺乏数字化转型意识和技能、缺乏适合中小企业的数字化转型工具、缺乏明确的成本与收益分析框架、政策支持精准度不够等现实困境；史宇鹏和王阳（2024）认为，中小企业面临管理层及员工数字知识储备不足、转型规划不清晰、关键要素支撑力弱等难点；唐松等（2022）则认为，中小企业数字化转型面临的障碍主要是数字化基础薄弱、技术不强、资金缺乏、持续投入难以为继、投入产出效应短期不明显甚至不匹配。刘涛和张夏恒（2021）通过对813家企业的调研发现，中小企业存在数字化转型认知不足、基础薄弱、障碍较大等问题；Fitzgerald等（2014）在调查中发现，有33%的企业认为数字化转型最大的障碍是没有足够的资金，认为缺乏数字化战略规划、缺乏正式业务流程、缺乏与业务适配的技术以及组织变革能力是制约中小企业数字化转型的障碍。刘然（2020）认为，中小企业数字化转型障碍体现在企业数字化认知不足、技术基础较弱、融资困难、人才匮乏等方面。

2. 数字技术可用性

数字技术的复杂性已成为中小企业实施数字化转型战略的主要障碍（Mahmood等，2019）。与过去的新兴技术不同的是，在数字化转型过程中，企业应用的数字技术需要不断迭代升级。每次升级迭代后，企业都需要在设备更新和再培训方面重新投入资源，这对资源不足的中小企业提出了挑战。Vogelsang（2019）研究发现，缺乏数字技术和无法使用数字技术是阻碍数字化转型的两大因素；Jia（2024）研发发现，数字技术的可用性是影响中小企业数字化转型速度和深度的必要条件，中小企业对数字技术的复杂性和未来的不确定性表现出更高的敏感性。

3. 专精特新企业数字化面临的障碍

从行业看，中小企业数字化转型问题和进程存在行业差异性和不平衡性，专精特新等优质中小企业数字化转型意愿和程度相对于传统中小企业更高，但是专精特新中小企业容易陷入数字化转型的两难困境，"不转"会丧失市场竞争力，"转"则会面临投入大、见效慢和风险大等难题（刘淑春和金洁，2023）。何瑛（2023）认为，传统中小企业面临的主要问题是数字基础设施较为薄弱、技术成本和试错成本较高、资源投入不足和路径依赖等问题，而新兴产业中小企业面临的主要问题是技术难度和经营风险较高、获取市场和客户资源较难、融资可得性较低等问题，专精特新中小企业则面临着专业性数字技术应用、短期转型效果不明显、数字化人才短缺等问题。朱小艳（2023）认为，专精特新企业面临转型意愿增强但转型能力不足、基础设施改善但技术环境欠佳、合作意识增强但协同水平不高、政策支持增强但精度亟待提高等制约因素。

余澳等（2023）调查了1625家专精特新中小企业，发现数字设备更新与应用相对落后、数字化战略顶层设计不全面、管理层重视程度不够、线上与线下营销融合不充分等是制约专精特新中小企业数字化转型的主要障碍。

鲁金萍（2023）认为，专精特新企业数字化转型过程中仍面临战略缺位、基础薄弱、要素欠缺、配套不足等瓶颈，需要在构建转型生态、强化创新能力、加强数字人才培养、做好资金保障、优化转型服务等方面持续加大政策支持。

汝绪伟等（2023）通过对山东省的专精特新企业的研究，认为专精特新企业数字化转型存在认知参差不齐、数字化转型关键技术支撑存在短板、转型全链条贯通不够、数字化人才短缺等挑战，并提出提高企业家数字化转型认知水平、工业互联网平台数字赋能、产业链产业集群数字化转型、数字化创新人才培养引进、差异化政策支持等推进路径和策略。

宋晓明等（2023）以河北省为例，梳理了专精特新企业数字化转型的突出问题，认为其主要表现为：转型基础薄弱、管控集成率低、人才供给不足、服务供给不足和配套措施不足。

雷光美（2023）基于对福建省67家专精特新企业的调研发现，专精特新制造业转型过程中存在缺乏系统规划、设备数据应用转化困难、员工数字化能力不匹配、资金保障不充分、数据安全隐患等问题。

总体来看，现有研究表明中小企业数字化转型存在着数字化基础设施薄弱、管理层数字化转型意识薄弱、缺少转型资金、缺乏可用的数字化人才、数字化转型路径不清晰、缺乏转型适配的产品和方案等诸多难点问题。

第 2 节　中小企业数字化转型的路径研究

中小企业数字化转型的过程不同于大型企业。过程视角的研究主要关注中小企业数字化转型的阶段、发展过程和转型路径等问题。

一、转型阶段

结合组织变革的过程，武常岐等（2022）将制造业企业数字化转型过程分为试点期（局部端数字化）、拓展期（平台数字化）及整合期（生态系统数字化）三个阶段。试点期，以发展技术和外部环境为驱动力，进行局部端的数字化，做到提升效率；拓展期，以组织者为发展驱动力，企业会打造自己的平台来使得数字技术与组织结构之间变得协调；整合期，发展制度为驱动力，形成生态系统的数字化。

从数字化转型战略和数字技术应用深度等视角，武立东等（2024）将制造业数字化转型划分为转型启动、转型成长和转型成熟三个阶段：在转型启动阶段，初步提出数字化战略目标和整体规划，构建数字化转型的基础设施，实现局部的数字化；在转型成长阶段，提出具体的数字化业务战略，应用数字技术连接并覆盖公司运营环节，实现整体业务流程的数字化和智能化；在转型成熟阶段，利用数字技术创新商业模式，连接上下游产业链，提升全产业链数字化水平，打造数字化生态系统。

从数字技术嵌入组织程度的视角，Verhoef等（2019）将企业数字化转型划分为数字化转换、数字化升级和数字化转型三个阶段：第一阶段实现信息的数字化，第二阶段实现流程的数字化，第三个阶段为涉及商业模式创新等公司战略层面的广泛变革，即业务的数字化。

从推进过程和步骤而言，Li等（2019）通过对阿里巴巴平台7家中小跨境电商企业进行研究，构建了管理认知革新、管理社会资本开发、团队构建和组织能力构建的中小企业数字化转型的过程模型。Garzoni等（2020）针对意大利中小制造企业的特点，提出了数字化意识、数字化咨询、数字化合作、数字化转型四层次的数字化转型步骤：数字化意识是让企业意识到数字化转型对公司的价值；数字化咨询是数字化技术和方案提供商向企业和利益相关方介绍功能和能力；数字化合作是公司在业务流程和战略层面探索推进数字化；数字化转型是在生产、分销、业务战略等方面全面推进数字化。

从数据资产的视角，史宇鹏和王阳（2024）认为中小企业数字化转型包括设备和业务数字化、数据资产化、管理决策数字化三个阶段。其中，流程标准化和数据联通是数字化转型的第一步，如何选择适配企业业务场景的数字化产品是重点。在数据资产化阶段，中小企业将进一步打通底层数据，加强数据集成，并对数据进行深入挖掘。管理决策数字化阶段，中小企业向数据应用深入，进行数据价值的深度挖掘、产业链协同及智能生产等长期发展战略。与此类似，Battistoni 等（2023）强调了不同技术在中小企业数字化转型中所发挥的作用，提出了中小制造企业数字化转型的四层次实施路径，即传感器、集成、智能和响应。

二、转型模式和路径

从价值链视角，牛璐等（2023）将中小企业数字化转型模式分为财务数字化、人力数字化、行政数字化、营销数字化、采购数字化、生产数字化和研发数字化七种，基于资源和能力匹配视角发现中小企业转型路径包括资源推动型的辅助价值链转型、能力拉动型的增值价值链转型和多种方式并行的转型。

从推进路径而言，吴江等（2024）认为中小企业应从培养动态管理能力、运用轻体量数字平台、提升组织使用信息技术的能力、获得政府外部帮扶及支持等方面创新路径，推动数字化转型。张夏恒（2020）从政府部门引导、数字核心技术突破以及打通产业链条等方面总结了中小企业推进数字化转型的路径。

从推进主体视角，王柏村等（2023）认为，中小企业数字化包括初级、中级和高级三个阶段，基于"点—线—面—体"的逻辑，中小企业数字化转型主要包括四类基本路径，即"深挖内需、点上突破""链主带动、线上延伸""平台赋能、面上拓展""园区推动、整体提升"。与此类似，中国信通院（2023）认为，我国中小企业数字化转型存在龙头企业推动的供应链上下游中小企业链式转型，集群、园区推动的区域内中小企业集体转型，工业互联网平台利用产业资源牵引的中小企业协同转型，"小快轻准"技术产品支撑的中小企业数字化转型四大转型路径。

第3节 中小企业数字化转型的结果研究

结果视角主要关注企业数字化成熟度、数字化转型对中小企业财务绩效、创新能力和全要素生产率等变量的影响作用和作用机理问题。

一、数字化水平和成熟度

唐孝文（2024）采用"VHSD-EM"评价模型对2016—2022年262家专精特新"小巨人"企业数字化成熟度进行测度及评价，将各年度得分值进行二次加权后汇总得到综合评分，并划分为Ⅰ、Ⅱ、Ⅲ、Ⅳ共4个数字化成熟度等级；研究发现，通信设备、电子设备、仪器和元件以及半导体行业占据绝对优势，以机械、金属、非金属和采矿为代表的传统制造行业数字化成熟度较低，存在提升空间；企业数字化转型程度还受到政府补贴、财政科技支出、市场竞争强度和企业规模等因素的影响：政府补贴、财政科技支出仅对高数字化成熟度的"小巨人"企业产生影响，不同数字化成熟度样本企业受企业规模的影响显著，市场竞争强度对低数字化成熟度"小巨人"企业具有显著负向影响。

工业和信息化部2022年出台了《中小企业数字化水平评测指标（2022年版）》，该评测指标根据行业特点，分为制造业数字化水平评测表、生产性服务业数字化水平评测表、其他行业数字化水平评测表三个类别，从数字化基础、经营、管理、成效四个维度综合评估中小企业数字化发展水平，依据企业评测得分，将数字化水平划分为四个等级：一级（20~40分），开展了基础业务流程梳理和数据规范化管理，并进行了信息技术简单应用；二级（40~60分），利用信息技术手段或管理工具实现了单一业务数字化管理；三级（60~80分），应用信息系统及数字化技术进行数据分析，实现全部主营业务数字化管控；四级（80分以上），利用全业务链数据集成分析，实现数据驱动的业务协同与智能决策。

二、对企业绩效的影响

从转型结果看，已有研究从数字化转型、数字技术应用、数字化和环境战略（Ardito等，2021）、员工数字化能力（Scuotto等，2021）等不同视角检验了数字化转型相关前因变量对中小企业创新绩效（郭彤梅等，2023）、创新效率（王慧等，2021）、新产品开发绩效（池毛毛等，2020）、供应链融资绩效（卢强等，

2023)、劳动生产率（Gaglio，2022）等结果变量的影响作用，并得出了不同甚至相反的结论。

一些学者认为数字化对中小企业绩效有促进作用。例如：王海花等（2022）基于元分析发现，数字技术、数字战略、数字能力和数字文化与企业绩效均有较强的正相关关系；Seclen-Luna等（2022）研究发现，数字技术应用对企业净销售额和生产率有积极显著影响，两者关系受到数字技术的类型和公司规模的影响，数字技术对大公司销售额的影响更为显著，而数字技术对中小企业的生产率的影响更为显著；Gaglio（2022）基于南非711家中小微企业的研究发现，社交媒体、在线销售等数字技术的使用有利于促进中小企业研发创新和企业劳动生产率提升。

与之相反，另一些学者认为数字化转型对中小企业绩效具有抑制作用。例如：Usai等（2021）研究发现，数字技术应用对企业创新绩效的影响非常小，过度的数字化投入可能会挤占企业生产资源，进而损害企业创新能力与经营绩效。从企业规模看，数字技术应用具有规模效应，数字化转型需要较高的前期投入，数字化转型项目的投资效率会随着企业规模的扩大产生相应的递增或递减效果（刘淑春和金洁，2023）。赵宸宇等（2021）基于我国A股制造业上市公司数据研究发现，数字化显著提高了大型企业的全要素生产率，而对中小型企业全要素生产率的提升作用较小；与之相反，刘飞（2020）认为较小规模类型企业在使用互联网等技术的过程中能够更快地进入绩效增长阶段。Lorenzo等（2021）通过研究369个北美中小企业发现，采用数字化和环境可持续性的双重战略会对企业非财务绩效产生负面影响，对产品创新绩效并不显著。

三、作用机制

从作用机制看，已有研究主要从技术创新、商业模式创新、动态能力、成本费用降低、效率提升、缓解融资约束、优化人力资本结构、提高产品质量等视角展开。例如：德勤公司（2020）将数字化转型促进财务绩效提升归因于提高效率、收入增长、改进产品／服务质量、提高客户满意度和员工敬业度，以及促使人们更加关注增长和创新；池毛毛等（2020）研究发现，数字化转型通过研发利用能力和研发探索能力正向影响中小制造企业的新产品开发绩效；楼永和刘铭（2022）研究发现，数字化转型能够通过降本、增效、促创新等路径提升中小企业绩效；胡青等（2021）研究认为，中小企业与专业服务机构间知识距离过大会对数字化转型绩效产生负向影响，中小企业与专业服务机构间有效的协同可缓解知识距离对数字化转型绩效的负向影响；Autio等（2021）强调，数字技术的采用，不仅直接对业务和可持续发展绩效产生显著影响，而且通过推动商业模式变革，间接促进了绩效的改善；戚聿东等（2020）基于非高新技术制造企业的研究发现，数字化通过商业模式创新所提升的绩效被管理上的失调所抵消，管理能力与数字技术不协调导致数字化对企业绩效的总影响不显著。

第4节 本章小结

数字化转型已成为企业，特别是中小企业持续发展和提升竞争力的关键路径。国内外学者和企业界对这一领域进行了大量研究和探索，积累了丰富的理论和实践经验。本章基于"前因—过程—结果"的逻辑，对中小企业数字化转型相关理论研究的文献进行了梳理，提出了中小企业数字化转型研究的理论框架，如图2-1所示。从影响因素看，中小企业数字化转型受到组织内部和外部因素的共同影响；从转型过程看，现有研究从不同视角提出了企业数字化转型的阶段和路径；从转型结果看，已有文献主要围绕数字化转型对效率、成本和绩效的影响开展了多视角的研究。总体上以往研究多基于泛化的企业视角，着眼于北京市中小企业数字化转型的研究还非常有限。

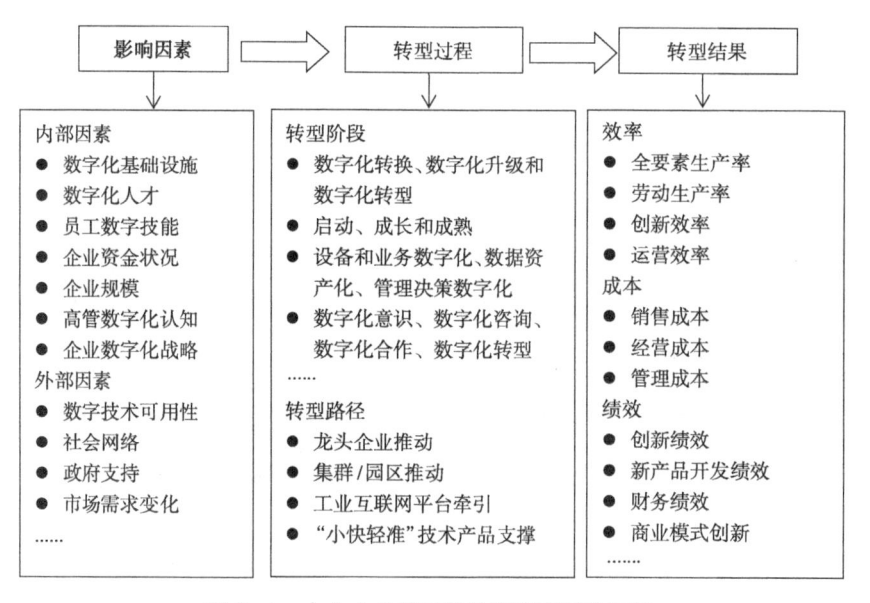

影响因素	转型过程	转型结果
内部因素 ● 数字化基础设施 ● 数字化人才 ● 员工数字技能 ● 企业资金状况 ● 企业规模 ● 高管数字化认知 ● 企业数字化战略 **外部因素** ● 数字技术可用性 ● 社会网络 ● 政府支持 ● 市场需求变化 ……	**转型阶段** ● 数字化转换、数字化升级和数字化转型 ● 启动、成长和成熟 ● 设备和业务数字化、数据资产化、管理决策数字化 ● 数字化意识、数字化咨询、数字化合作、数字化转型 …… **转型路径** ● 龙头企业推动 ● 集群/园区推动 ● 工业互联网平台牵引 ● "小快轻准"技术产品支撑	**效率** ● 全要素生产率 ● 劳动生产率 ● 创新效率 ● 运营效率 **成本** ● 销售成本 ● 经营成本 ● 管理成本 **绩效** ● 创新绩效 ● 新产品开发绩效 ● 财务绩效 ● 商业模式创新 ……

图 2-1　中小企业数字化转型研究理论框架

本章主要参考文献

[1] Eller R, et al. Antecedents, consequences, and challenges of small and medium-sized enterprise digitalization[J]. Journal of Business Research, 2020, 112: 119-127.

[2] Kozanoglu D C, Abedin B. Understanding the role of employees in digital transformation: conceptualization of digital literacy of employees as a multi-dimensional organizational affordance[J]. Journal of Enterprise Information Management, 2021, 34(6), 1649-1672.

[3] Ioniță D, Olteanu I A. SME and digital transformation: a dream too far?[J]. Journal of Emerging Trends in Marketing and Management, 2023(1): 7-16.

[4] Omrani N, et al. Drivers of digital transformation in SMEs[J]. IEEE Transactions on Engineering Management, 2022, 1-14.

[5] Stich V, Zeller V, Hicking J, et al. Measures for a successful digital transformation of SMEs[J]. Procedia Cirp, 2020, 93: 286-291.

[6] Jia J, Xu Y, Li W. A study on the strategic momentum of SMEs' digital transformation: evidence from China[J]. Technological Forecasting and Social Change, 2024, 200: 123038.

[7] 宋晶, 陈劲. 企业家社会网络对企业数字化建设的影响研究——战略柔性的调节作用[J]. 科学学研究, 2022, 40(1): 103-112.

[8] 孙国强, 李腾. 数字经济背景下企业网络数字化转型路径研究[J]. 科学学与科学技术管理, 2021, 42(1): 128-145.

[9] Pelletier C, Cloutier L M. Conceptualising digital transformation in SMEs:

an ecosystemic perspective[J]. Journal of Small Business and Enterprise Development, 2019, 26 (6/7): 855-876.

[10] 王稳华, 陆岷峰, 朱震. 企业数字化转型的外部驱动机制研究：基于战略联盟视角[J]. 现代财经（天津财经大学学报）, 2024, 44 (3): 69-88.

[11] Wiliandri R. A conceptual approach to identify factors affecting the digital transformation of micro, small and medium-sized enterprises (MSMEs) during COVID-19 pandemic in Indonesia[J]. Ekonomi Bisnis, 2020, 25 (2): 66-85.

[12] 张新, 徐瑶玉, 马良. 中小企业数字化转型影响因素的组态效应研究[J]. 经济与管理评论, 2022, 38 (1): 92-102.

[13] 杨晶辉, 孙凤芹. 后疫情时代我国中小企业数字化转型影响因素[J]. 华北理工大学学报（社会科学版）, 2023, 23 (1): 38-45.

[14] 孔雯. 专精特新企业数字化转型影响因素分析[J]. 企业经济, 2024, 43 (3): 90-102.

[15] 宋烜懿, 李佩珊. 中小企业数字化整体应用水平不高转型仍需加大扶持力度[J]. 中国中小企业, 2023 (5): 68-70.

[16] 李勇坚. 中小企业数字化转型：理论逻辑、现实困境和国际经验[J]. 人民论坛·学术前沿, 2022 (18): 37-51.

[17] 史宇鹏, 王阳. 中小企业数字化转型：焦点、难点及进路[J]. 新疆师范大学学报（哲学社会科学版）, 2024, 45 (1): 86-95.

[18] 唐松, 李青, 吴非. 金融市场化改革与企业数字化转型[J]. 北京工商大学学报（社会科学版）, 2022 (1): 13-17.

[19] 刘涛, 张夏恒. 我国中小企业数字化转型现状、问题及对策[J]. 贵州社

会科学，2021（2）：148-155.

[20] Fitzgerald M，Kruschwitz N，Bonnet D，et al. Embracing digital technology: a new strategic imperative[J]. MIT Sloan Management Review，2014，55（2）：1-12.

[21] 刘然. 后疫情时代中小企业数字化转型之路 [J]. 人民论坛·学术前沿，2020（13）：104-107.

[22] Mahmood F，Khan A Z，Khan M B. Digital organizational transformation issues, challenges and impact: a systematic literature review of a decade[J]. Abasyn University Journal of Social Sciences，2019，12（2）.

[23] Vogelsang K，Liere-Netheler K，Packmohr S，et al. Barriers to digital transformation in manufacturing: development of a research agenda[J]. Hawaii International Conference on System Sciences，2019，4937-4946.

[24] 刘淑春，金洁. 数字化重塑专精特新企业价值创造力——理论、机理、模式及路径 [J]. 财经问题研究，2023（11）：3-14.

[25] 何瑛. 数字化变革推动中小企业高质量发展的理论逻辑与实践路径 [J]. 求索，2023（6）：53-62.

[26] 朱小艳. "专精特新"企业数字化转型：现实意义、制约因素与推进策略 [J]. 企业经济，2023，42（1）：53-59.

[27] 余澳，张羽丰，刘勇. "专精特新"中小企业数字化转型关键影响因素识别研究——基于1625家"专精特新"中小企业的调查 [J]. 经济纵横，2023（4）：79-89.

[28] 鲁金萍. 专精特新企业数字化转型仍需破解四大瓶颈 [J]. 数字经济，2023（12）：44-47.

[29] 汝绪伟，张晓月，张雷，等. "专精特新"中小企业数字化转型政策体

系、机遇挑战及路径选择——基于山东省的研究[J]. 科技管理研究, 2023, 43（23）: 113-120.

[30] 宋晓明, 田泽, 管歆格. 工业互联网赋能"专精特新"企业数字化转型机理与路径[J]. 科技智囊, 2023（12）: 52-59.

[31] 雷光美. 专精特新制造企业数字化转型路径研究——基于福建67家企业调研数据分析[J]. 福建轻纺, 2023（11）: 49-53.

[32] 武常岐, 张昆贤, 陈晓蓉. 传统制造业企业数字化转型路径研究——基于结构与行动者视角的三阶段演进模型[J]. 山东大学学报（哲学社会科学版）, 2022（4）: 121-135.

[33] 武立东, 李思嘉, 王晗, 等. 基于"公司治理—组织能力"组态模型的制造业企业数字化转型进阶机制研究[J/OL]. 南开管理评论, 2024.

[34] Verhoef P C, Broekhuizen T, Bart Y, et al. Digital transformation: a multidisciplinary reflection and research agenda[J]. Journal of Business Research, 2019, 32（11）: 1-13.

[35] Li L, et al. Digital transformation by SME entrepreneurs: a capability Perspective[J]. Information Systems Journal, 2019, 28（6）: 1129-1157.

[36] Garzoni A, et al. Fostering digital transformation of SMEs: a four levels approach[J]. Management Decision, 2020, 58（8）: 1543-1562.

[37] Battistoni E, et al. Adoption paths of digital transformation in manufacturing SME[J]. International Journal of Production Economics, 2023, 255: 108675.

[38] 牛璐, 陈志军, 刘振. 资源与能力匹配下的中小企业数字化转型研究[J]. 科学学研究, 2023（2）, 1-17.

[39] 吴江, 陈浩东, 陈婷. 中小企业数字化转型的路径探析[J]. 新疆师范大

学学报（哲学社会科学版），2024，45（3）：101-112.

[40] 王柏村，朱凯凌，薛塬，等. 我国中小企业数字化转型的模式与对策[J]. 中国机械工程，2023，34（14）：1756-1763.

[41] 中国信通院. 中小企业数字化转型研究报告（2023）[R/OL]. http://www.aii-alliance.org/resource/c331/n5027.html.

[21] 唐孝文，曹雪瑞，陈鑫. 基于"VHSD-EM"模型的专精特新"小巨人"企业数字化成熟度评价[J]. 科技进步与对策，2024：1‐11.

[42] Ardito L, Raby S, Albino V, et al. The duality of digital and environmental orientations in the context of SMEs: implications for innovation performance[J]. Journal of Business Research, 2021, 123（2）：44-56.

[43] Scuotto V, Nicotra M, MD Giudice, et al. A microfoundational perspective on SMEs' growth in the digital transformation era[J]. Journal of Business Research, 2021, 129（10）：382-392.

[44] 郭彤梅，李倩云，张玥，等. 专精特新企业数字化转型与创新绩效的关系研究[J]. 技术经济，2023，42（5）：68-78.

[45] 王慧，夏天添，马勇，等. 中小企业数字化转型如何提升创新效率？基于经验取样法的调查[J]. 科技管理研究，2021，41（18）：168-174.

[46] 池毛毛，叶丁菱，王俊晶，等. 我国中小制造企业如何提升新产品开发绩效——基于数字化赋能的视角[J]. 南开管理评论，2020，23（3）：63-75.

[47] 卢强，邓扬，宋华. 基于交易成本理论的中小企业数字化能力对供应链融资绩效的影响研究[J]. 管理学报，2023，20（11）：1696-1705.

[48] 王海花，李烨，谭钦瀛. 基于Meta分析的数字化转型对企业绩效影响

问题[J]. 系统管理学报, 2022, 31（1）: 112-123.

[49] Seclen-Luna, et al. Effects of the use of digital technologies on the performance of firms in a developing country: are there differences between creative and manufacturing industries?[J]. International Journal of Information Systems and Project Management, 2022, 10（1）: 73-91.

[50] Gaglio C, et al. The effects of digital transformation on innovation and productivity: firm-level evidence of South African manufacturing micro and small enterprises[J]. Technological Forecasting and Social Change, 2022, 182（9）: 121785

[51] Usai A, Fiano F, Petruzzelli A M, et al. Unveiling the impact of the adoption of digital technologies on firms' innovation performance[J]. Journal of Business Research, 2021, 133（9）: 327-336.

[52] 赵宸宇, 王文春, 李雪松. 数字化转型如何影响企业全要素生产率[J]. 财贸经济, 2021, 42（7）: 114-129.

[53] 刘飞. 数字化转型如何提升制造业生产率：基于数字化转型的三重影响机制[J]. 财经科学, 2020（10）: 93-107.

[54] Lorenzo A, Raby S, Albino V, et al.The duality of digital and environmental orientations in the context of SMEs: Implications for innovation performance[J]. Journal of Business Research, 2021, 123: 44-56.

[55] 楼永, 刘铭. 中小企业数字化变革：从迟徊观望到乘势而上——基于文本挖掘法的变革路径与绩效研究[J]. 工业技术经济, 2022, 41（2）: 3-13.

[56] Autio E, Fu K, Smit W, et al. Adoption of digital technologies, business

model innovation, and financial and sustainability performance in startup Firms[J]. Asian Development Bank, 2021, 13（5）: 1-40.

[57] 戚聿东, 蔡呈伟. 数字化对制造业企业绩效的多重影响及其机理研究[J]. 学习与探索, 2020（7）: 108-119.

第 3 章
北京市中小企业数字化转型现状调研

为了更好地把握北京市中小企业数字化转型的实际状况,本章从数字化转型的驱动因素、转型方式、资源投入、转型成效、典型案例等方面对北京市中小企业数字化转型的现状进行了调查,采用统计分析和案例分析的方法对北京市中小企业数字化转型的状况进行多角度的分析,从企业所处行业、成长周期、专精特新企业和非专精特新企业等不同维度挖掘中小企业数字化转型现阶段的特征,为理论研究和政策建议提供数据支撑。

第 1 节 调研背景

2023年5月至8月,课题组在北京市中小企业服务中心和北京市中小企业服务平台的支持和协助下,对北京市6000余家中小企业发放了调查问卷,并深入部分企业进行了实地调研和座谈交流。调研收回有效调查问卷567份,调研样本描述性统计信息如表3-1所示。

表 3-1 调研样本的描述性统计

企业成立年限（发展阶段）	数量	比例
0~5 年	66	11.6%
6~10 年	156	27.5%
11~20 年	222	39.2%
21~30 年	110	19.4%
30 年以上	13	2.3%
企业称号	数量	比例
专精特新中小企业	324	57.1%
普通中小企业	243	42.9%
行业大类	数量	比例
制造业	133	23.5%
非制造业	434	76.5%
企业规模	数量	比例
微型	58	10.2%
小型	312	55.0%
中型	197	34.7%

调研对象为中小企业实际负责人或 IT 和数字化部门负责人，他们熟悉企业的运营状况和数字化转型开展情况。调查问卷内容主要包括企业背景信息、数字化转型人员和团队、驱动因素、转型效果、开展方式、资金投入、数字化开展领域、数字化开展方式、数字化投资情况、数字化转型困难障碍等问题。结合北京市中小企业数据库中信息，根据企业名称匹配了企业注册地、所在行业、是否是专精特新中小企业等基本信息，问卷具体设计见附录。

从企业成立年限（发展阶段）来看，被调研企业涵盖初创期、成长期、成熟期等不同成长阶段的企业，其中年限在 11~20 之间的企业占比最多，达到 39.2%，其次是年限在 6~10 年的企业，占比 27.5%，年限在 0~5 年的初创期企业占比 11.6%，年限在 21~30

年的企业占比19.4%。

从企业称号来看，调研样本既涉及普通中小企业，也包括专精特新等优质中小企业。回收的问卷中包括专精特新中小企业324家，非专精特新中小企业243家。

从企业所处行业来看，调研样本企业中包括制造业企业133家，占比23.5%，非制造业企业434家，占比76.5%。涉及的行业包括软件和信息服务业、科学研究和技术服务业、批发和零售业、租赁和商务服务业、医药制造业、仪器仪表制造业、通用设备制造业、专用设备制造业、汽车制造业、食品制造业、家具制造业、房地产业、建筑业等50多个国民经济细分行业领域。

从企业规模看，调研样本涵盖了大中小微不同类型的企业，其中微型企业58家（10.2%）、小型企业312家（55%）、中型及以上企业197家（34.7%）。

第2节 中小企业数字化转型驱动因素

一、总体分析

在中小企业数字化转型的驱动因素方面，如图3-1所示，做大做强企业的愿望、产品技术升级换代以及成本负担上升是大部分中小企业进行数字化转型的重要驱动因素，分别占到被调查企业的67.0%、46.9%和30.9%。以上调查结果说明了组织内部和外部市场环境是推动中小企业数字化转型的主要驱动因素。此外，政策的支

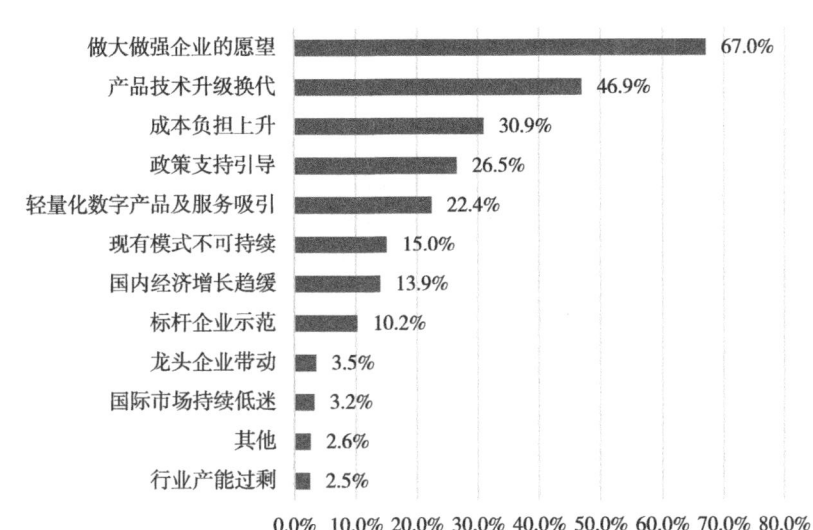

持引导对中小企业开展数字化转型也非常重要，占比达到 26.5%。

驱动因素	占比
做大做强企业的愿望	67.0%
产品技术升级换代	46.9%
成本负担上升	30.9%
政策支持引导	26.5%
轻量化数字产品及服务吸引	22.4%
现有模式不可持续	15.0%
国内经济增长趋缓	13.9%
标杆企业示范	10.2%
龙头企业带动	3.5%
国际市场持续低迷	3.2%
其他	2.6%
行业产能过剩	2.5%

图 3-1 中小企业数字化转型驱动因素总体情况

二、制造业中小企业和非制造业中小企业比较分析

从企业所处行业来看，如表 3-2 所示，制造业中小企业数字化转型排在前三位的驱动因素分别是做大做强企业的愿望、产品技术升级换代以及政策支持引导，分别占到被调查企业的 72.9%、54.9% 和 31.6%；非制造业中小企业数字化转型排在前三位的驱动因素为做大做强企业的愿望、产品技术升级换代以及成本负担上升，分别占到被调查企业的 65.2%、44.5% 和 31.1%。以上结果说明，政策的支持引导是影响中小制造企业数字化转型的重要驱动因素。近三分之一的中小制造企业将政策支持作为其数字化转型决策的重要驱动因素。近年来，各地政府相继出台实施智能制造和制造业数字化转型支持政策，对推动中小制造企业数字化转型

发挥了重要的引导和支撑作用。

表 3-2 中小企业数字化转型驱动因素比较

驱动因素	总样本	企业所处行业		企业成立年限（发展阶段）				
		非制造业	制造业	0~5年	6~10年	11~20年	21~30年	30年以上
做大做强企业的愿望	67.0%	65.2%	72.9%	65.2%	64.7%	68.5%	70.0%	53.8%
产品技术升级换代	46.9%	44.5%	54.9%	40.9%	42.3%	52.3%	45.5%	53.8%
成本负担上升	30.9%	31.1%	30.1%	19.7%	34.0%	30.2%	34.5%	30.8%
政策支持引导	26.5%	24.9%	31.6%	25.8%	28.8%	27.0%	23.6%	15.4%
轻量化数字产品及服务吸引	22.4%	24.2%	16.5%	30.3%	23.7%	23.4%	12.7%	30.8%
标杆企业示范	10.2%	11.8%	5.3%	19.7%	5.1%	8.6%	14.5%	15.4%
现有模式不可持续	15.0%	13.4%	20.3%	15.2%	16.0%	13.1%	17.3%	15.4%
国内经济增长趋缓	13.9%	15.2%	9.8%	10.6%	17.3%	10.8%	16.4%	23.1%
龙头企业带动	3.5%	3.5%	3.8%	3.0%	3.2%	3.6%	3.6%	7.7%
其他	7.3%	8.3%	8.3%	6.0%	7.7%	9.1%	9.0%	7.7%

三、不同发展阶段中小企业比较分析

从中小企业成立年限（发展阶段）来看，如表 3-2 所示，0~5 年初创期企业数字化转型排在前三位的驱动因素分别是做大做强企业的愿望（65.2%）、产品技术升级换代（40.9%）和轻量化数字产品及服务吸引（30.3%），初创期企业面临较大的资金压力，轻量化数字产品和服务对初创期企业有较强的吸引力；随着企业成立年限的增加，企业规模不断扩大，成本负担上升，成立 6~10 年、11~20 年、21~30 年及 30 年以上企业数字化转型排在前三位的驱动因素均是做大做强企业的愿望、产品技术升级换代和成本负担上升。

四、专精特新中小企业和非专精特新中小企业比较分析

从专精特新中小企业和非专精特新中小企业差异来看，如图3-2所示，专精特新中小企业数字化转型排在前三位的驱动因素分别为做大做强企业的愿望、产品技术升级换代以及成本负担上升，分别占到被调查企业的75.6%、56.5%和33.0%；非专精特新中小企业数字化转型的驱动因素排在前三位的与专精特新中小企业类似，但其中占比略有差异。

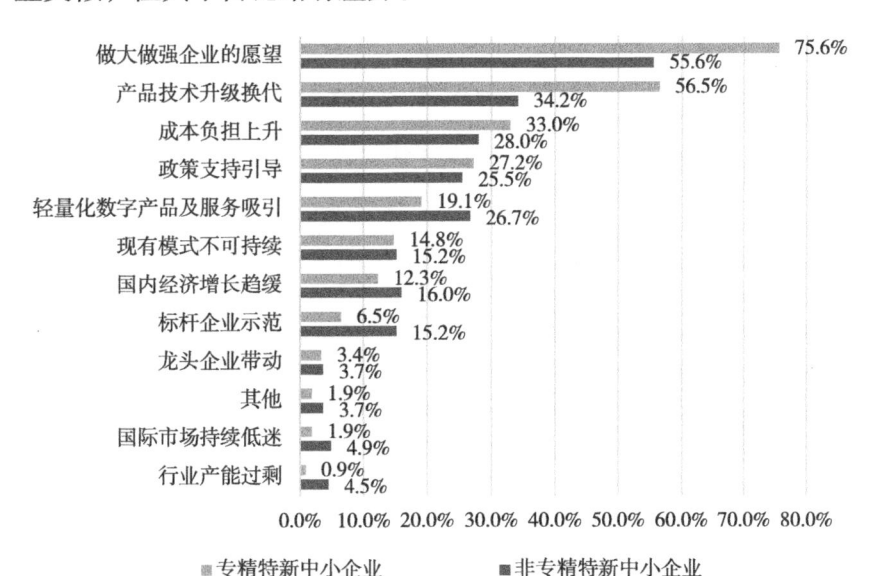

驱动因素	专精特新中小企业	非专精特新中小企业
做大做强企业的愿望	75.6%	55.6%
产品技术升级换代	56.5%	34.2%
成本负担上升	33.0%	28.0%
政策支持引导	27.2%	25.5%
轻量化数字产品及服务吸引	19.1%	26.7%
现有模式不可持续	14.8%	15.2%
国内经济增长趋缓	12.3%	16.0%
标杆企业示范	6.5%	15.2%
龙头企业带动	3.4%	3.7%
其他	1.9%	3.7%
国际市场持续低迷	1.9%	4.9%
行业产能过剩	0.9%	4.5%

图3-2 专精特新中小企业和非专精特新中小企业数字化转型驱动因素比较

从转型驱动因素来看，无论对于何种类型的中小企业，做大做强企业的愿望、产品技术升级换代的驱动力远高于降本增效，一定程度上反映了目前北京市中小企业具有较强的数字化转型动力和愿望。

第3节 中小企业数字化转型开展领域

一、总体分析

数字化转型开展领域可以反映出企业数字化转型的深度和路径。总体来看，中小企业数字化转型主要在财务管理、产品（服务）管理、人力资源管理、研发设计等领域开展，分别占到被调查企业的64.0%、46.0%、41.1%和40.9%，如图3-3所示。据此可以看出，广度上，中小企业数字化转型应用领域广泛，涉及价值链的大部分业务环节；深度上，大部分中小企业集中在财务、产品（服务）、人力等经营管理领域，此外，也有不少的企业深入到研发设计和供应链管理等重要业务环节。

财务管理	64.0%
产品（服务）管理	46.0%
人力资源管理	41.1%
研发设计	40.9%
供应链管理	37.4%
客户服务	36.7%
市场营销	32.5%
数据安全	30.5%
生产制造	28.2%
仓储物流	12.3%
其他	2.8%

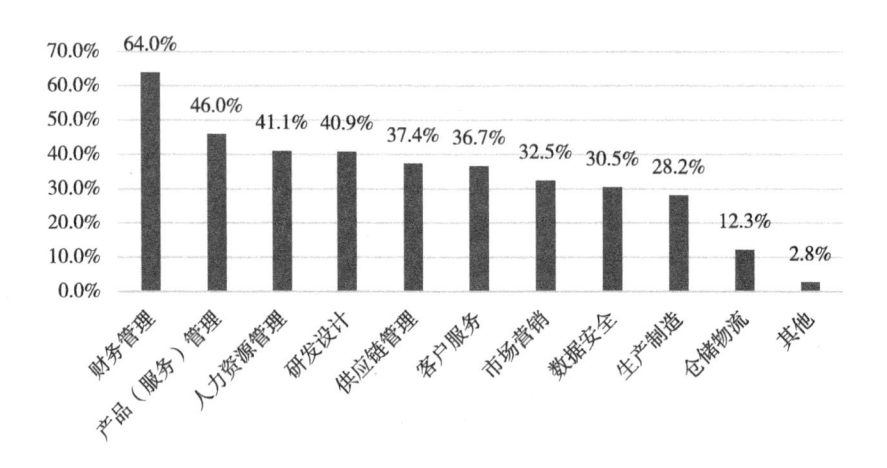

图3-3 中小企业数字化转型开展领域总体情况

二、制造业中小企业和非制造业中小企业比较分析

从企业所处行业来看，如图3-4所示，制造业中小企业数字化转型主要应用在财务管理（77.4%）、生产制造（70.7%）、供应链管理（61.7%）和研发设计（51.1%）方面；非制造业中小企业业务差异性比较大，因而数字化转型应用业务领域相对制造业更加分散，主要应用在财务管理（59.9%）、产品（服务）管理（52.3%）、客户服务（42.9%）和研发设计（37.8%）方面。

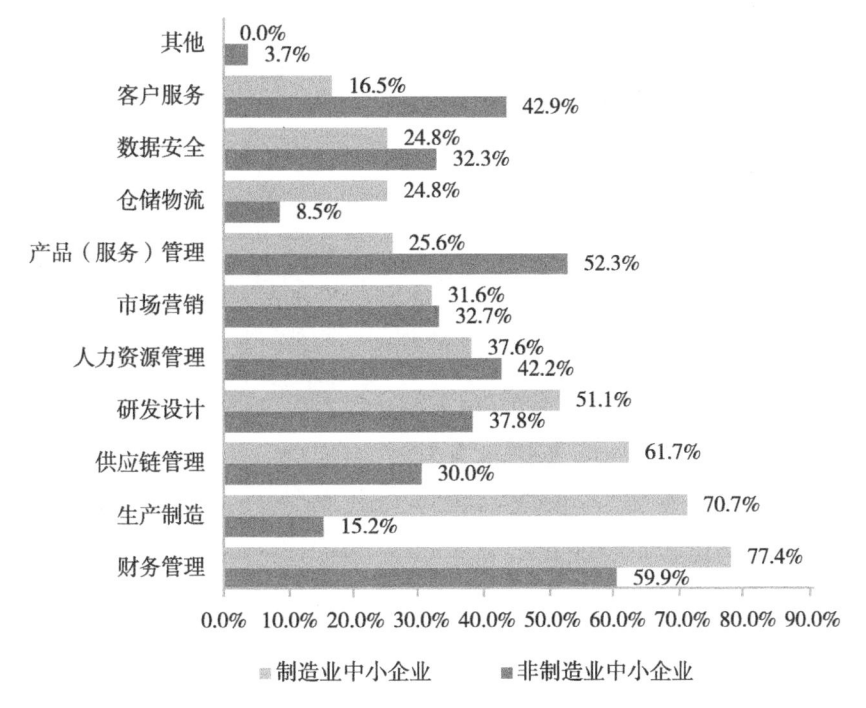

业务环节	制造业中小企业	非制造业中小企业
其他	0.0%	3.7%
客户服务	16.5%	42.9%
数据安全	24.8%	32.3%
仓储物流	24.8%	8.5%
产品（服务）管理	25.6%	52.3%
市场营销	31.6%	32.7%
人力资源管理	37.6%	42.2%
研发设计	51.1%	37.8%
供应链管理	61.7%	30.0%
生产制造	70.7%	15.2%
财务管理	77.4%	59.9%

图3-4 制造业中小企业和非制造业中小企业数字化转型主要应用业务环节比较

从差异性来看，制造业中小企业数字化转型在财务管理、生产制造、供应链管理、研发设计、仓储物流等核心业务环节的应

用比例明显高于非制造业中小企业，而非制造业中小企业在客户服务、产品（服务）管理等业务领域应用数字技术的比例明显高于制造业中小企业。

三、不同发展阶段中小企业比较分析

从中小企业所处的发展阶段来看，如表3-3所示，0~5年初创期企业数字化转型更多地运用在产品（服务）管理（53.0%）、财务管理（50.0%）、客户服务（47.0%）、研发设计（37.9%）方面。成立时间较长的企业的数字化转型更多地运用在财务管理、生产制造、研发设计等方面，主要原因在于调研样本中成立时间比较长的企业多数是制造业企业。

表3-3 中小企业数字化转型开展领域比较

应用领域	总样本	企业成立年限（发展阶段）				
		0~5年	6~10年	11~20年	21~30年	30年以上
财务管理	64.0%	50.0%	62.2%	64.0%	74.5%	69.2%
产品（服务）管理	46.0%	53.0%	46.8%	42.8%	49.1%	30.8%
人力资源管理	41.1%	36.4%	39.7%	41.4%	47.3%	23.1%
研发设计	40.9%	37.9%	44.2%	41.4%	37.3%	38.5%
供应链管理	37.4%	33.3%	39.1%	36.0%	40.9%	30.8%
客户服务	36.7%	47.0%	35.9%	36.9%	30.9%	38.5%
市场营销	32.5%	33.3%	34.6%	29.3%	36.4%	23.1%
数据安全	30.5%	28.8%	31.4%	31.1%	27.3%	46.2%
生产制造	28.2%	15.2%	21.8%	28.4%	40.0%	69.2%
仓储物流	12.3%	9.1%	9.6%	13.1%	17.3%	7.7%
其他	2.8%	4.5%	2.6%	2.7%	1.8%	7.7%

四、专精特新中小企业和非专精特新中小企业比较分析

从专精特新中小企业和非专精特新中小企业差异来看，如图3-5所示，专精特新中小企业数字化转型更多运用在财务管理（72.2%）、研发设计（55.6%）、供应链管理（47.8%）、产品（服务）管理（43.5%）方面；而非专精特新中小企业数字化转型更多运用在财务管理（53.1%）、客户服务（51.0%）、产品（服务）管理（49.4%）、人力资源管理（38.3%）、市场营销（35.0%）等方面。

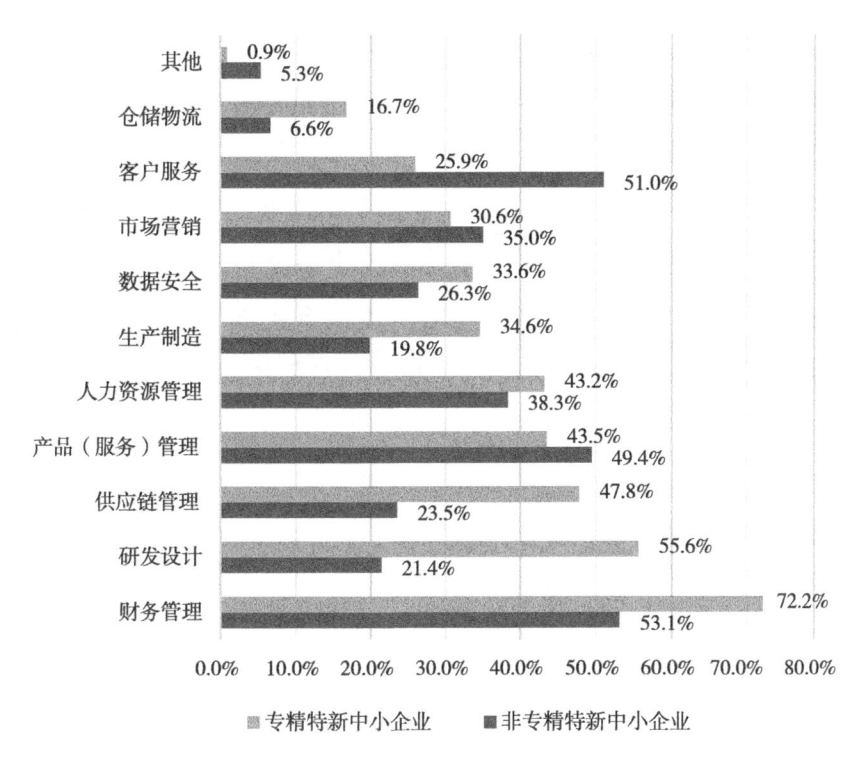

图3-5 专精特新中小企业和非专精特新中小企业数字化转型主要应用业务领域比较

综合而言，中小企业数字化转型主要围绕管理、产品、研发、生产、营销等方向进行，财务管理的数字化成为各种类型中小企业应用最为广泛和普及的领域。

第4节 中小企业数字化转型开展方式

一、总体分析

总体上看，如图3-6所示，中小企业数字化转型的开展方式和实现路径主要为购买通用型数字化软件或解决方案，自主开发和建设数字化平台或系统，以及购买细分行业数字化软件或解决方案，分别占到被调查企业的61.7%、57.0%和33.2%。此外，利用第三方电子商务平台，依托供应链上下游企业，或利用产业链龙头企业搭建的工业互联网等平台开展的企业还比较少。采用通用型数字化软件或解决方案的企业主要是使用协同办公、ERP、云计算和数据存储等产品，一方面构建数字化转型的基础设施，一方面通过数字技术赋能企业经营管理环节。值得注意的是，超过半数企业通过自主开发和建设数字化平台或系统方式开展转型，这说明现有数字化软件或解决方案难以满足企业需求，也说明不少企业的数字化转型从管理数字化逐步深入到企业的核心业务环节。

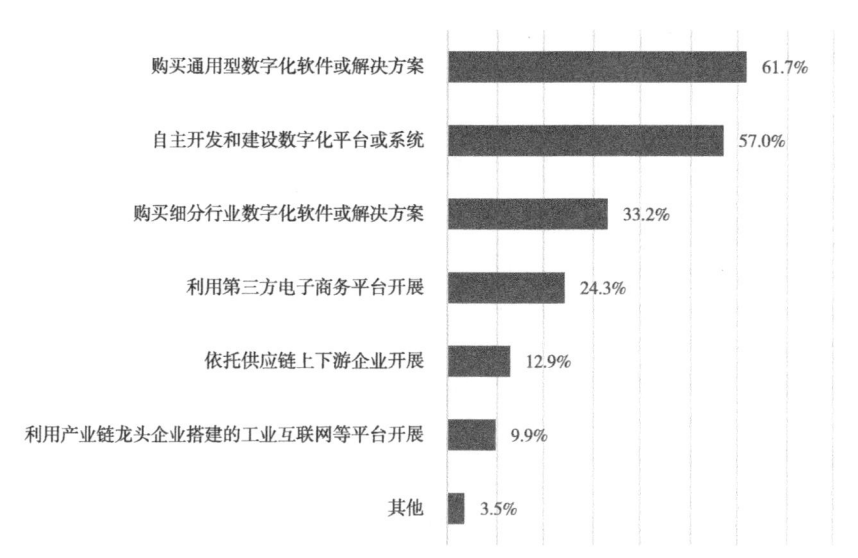

开展方式	比例
购买通用型数字化软件或解决方案	61.7%
自主开发和建设数字化平台或系统	57.0%
购买细分行业数字化软件或解决方案	33.2%
利用第三方电子商务平台开展	24.3%
依托供应链上下游企业开展	12.9%
利用产业链龙头企业搭建的工业互联网等平台开展	9.9%
其他	3.5%

图 3-6 中小企业数字化转型开展方式总体情况

二、制造业中小企业和非制造业中小企业比较分析

从企业所处行业来看，如图 3-7 所示，制造业中小企业和非制造业中小企业数字化转型方式有一定差别。被调查企业中，81.2% 的制造业中小企业是通过购买通用型数字化软件或解决方案开展转型，远高于非制造业中小企业 55.8% 的比例。60.8% 的非制造业中小企业是通过自主开发和建设数字化平台或系统开展转型，远高于制造业中小企业 44.4% 的比例。相对而言，大部分制造业中小企业业务流程具有连续性，通用型产品相对而言具有较高的适配性；非制造业行业差异大，中小企业业务个性化程度高，业务流程具有离散性，因此选择自建平台开展转型的比例更高。

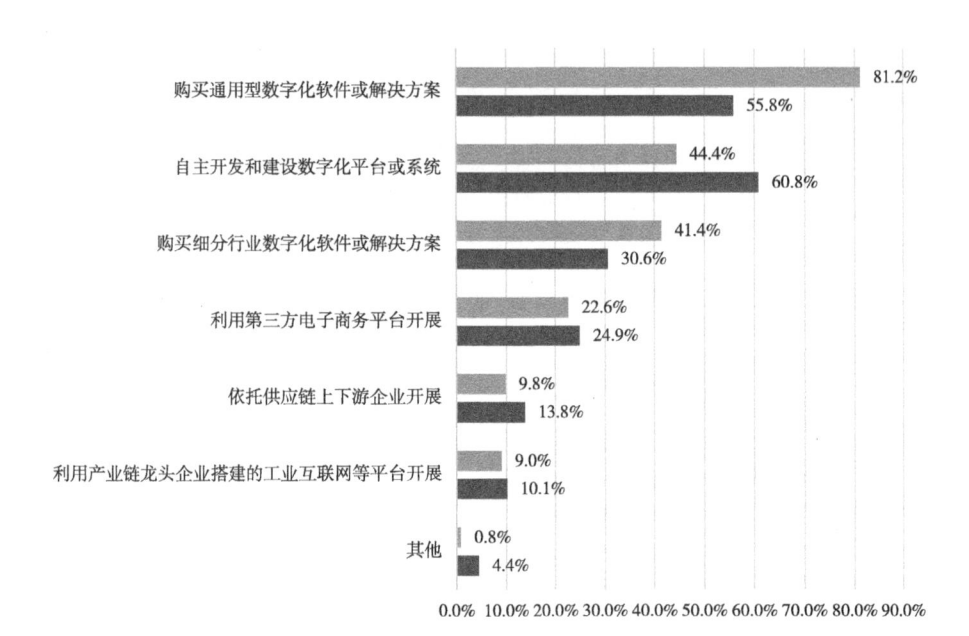

图 3-7　制造业中小企业和非制造业中小企业数字化转型开展方式比较

三、不同发展阶段中小企业比较分析

从中小企业所处发展阶段来看，如表 3-4 所示，不同成长阶段的企业均是通过购买通用型数字化软件或解决方案、自主开发和建设数字化平台或系统方式开展数字化转型的比例较高。其中，在成立 30 年以上的成熟期企业中，76.9% 的企业是通过购买通用型数字化软件或解决方案方式开展数字化转型的，这一比例远高于其他阶段企业。

表 3-4　中小企业数字化转型开展方式比较

开展方式	总体	企业成立年限（发展阶段）				
		0~5 年	6~10 年	11~20 年	21~30 年	30 年以上
购买通用型数字化软件或解决方案	61.7%	57.6%	60.9%	59.5%	68.2%	76.9%
自主开发和建设数字化平台或系统	57.0%	57.6%	60.9%	56.8%	52.7%	46.2%
购买细分行业数字化软件或解决方案	33.2%	24.2%	36.5%	32.0%	36.4%	30.8%
利用第三方电子商务平台开展	24.3%	21.2%	23.7%	23.9%	26.4%	38.5%
依托供应链上下游企业开展	12.9%	15.2%	14.1%	9.9%	13.6%	30.8%
利用产业链龙头企业搭建的工业互联网等平台开展	9.9%	9.1%	10.9%	13.1%	2.7%	7.7%
其他	3.5%	9.1%	2.6%	2.3%	3.6%	7.7%

四、专精特新中小企业和非专精特新中小企业比较分析

从企业称号来看，专精特新中小企业和非专精特新中小企业数字化转型开展方式总体上没有明显差异，如图 3-8 所示，排在前两位的均是购买通用型数字化软件或解决方案，自主开发和建设数字化平台或系统。此外，非专精特新中小企业中，32.1% 的企业利用第三方电子商务平台开展，这一比例高于专精特新中小企业。专精特新中小企业中，36.4% 的企业是通过购买细分行业数字化软件或解决方案，这一比例稍高于非专精特新中小企业。

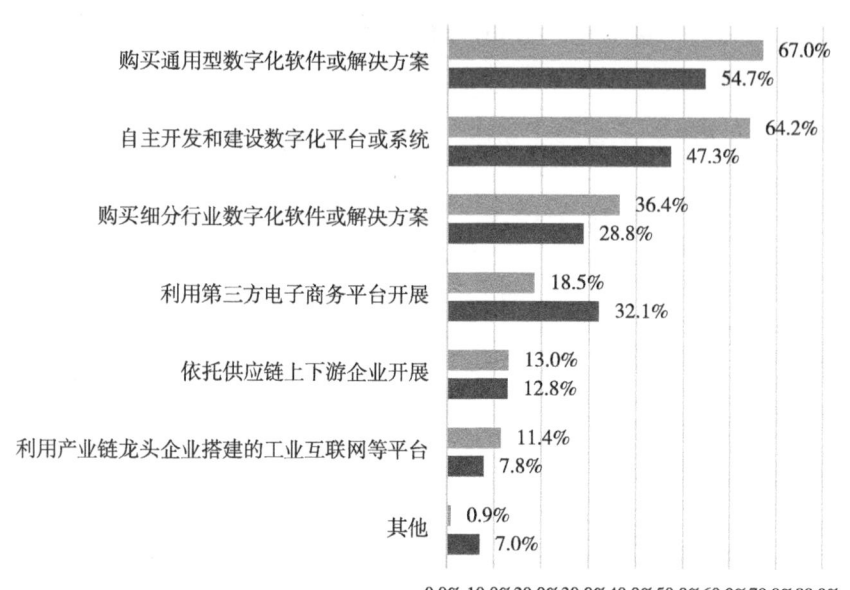

图3-8 专精特新中小企业和非专精特新中小企业数字化转型开展方式比较

第5节 中小企业数字化转型资源投入

一、数字化转型人员保障

1. 总体分析

人才缺乏是制约中小企业数字化转型的重要因素。从中小企业从事信息化或数字化的人员数量分布来看，如图3-9所示，被调查企业中，近半数（46.6%）的中小企业从事信息化或数字化的人员数量小于5人，约四分之一（24.5%）的中小企业从事信息化或数字化的人员数量在 5（含）人至 10 人之间，从事信息化或数字化的人员数量有 20 人及以上的占比累计不足五分之一（17.8%）。

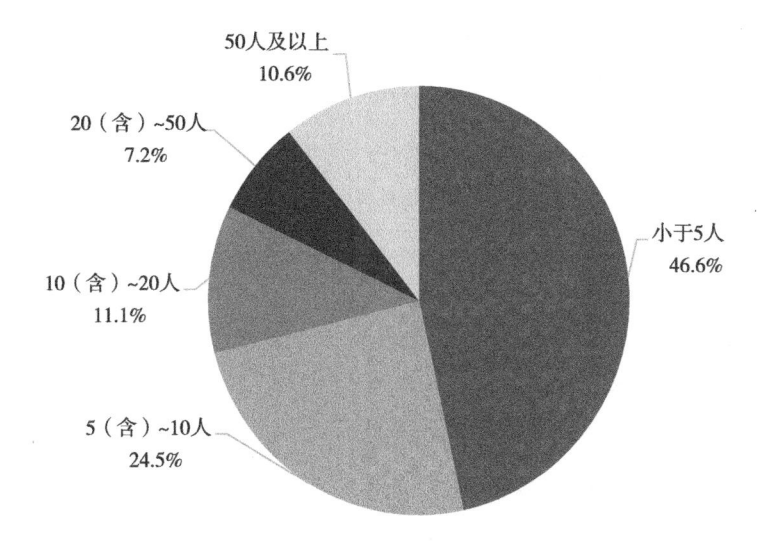

图 3-9　中小企业数字化转型人员配置总体情况

2. 比较分析

从企业所处行业来看，如表 3-5 所示，被调查中小企业中，制造业中有 52.6% 的企业从事信息化或数字化的人员数量不足 5 人，28.6% 的企业从事信息化或数字化的人员数量是 5~10 人；非制造业中，44.7% 的企业从事信息化或数字化的人员数量不足 5 人，23.3% 的企业从事信息化或数字化的人员数量是 5~10 人。总体上看，制造业企业从事信息化或数字化的人员数量在 10 人以下的比例稍高于非制造业企业，在 10 人以上的比例稍低于非制造业企业，这也说明制造业企业数字化人力资源投入水平稍低于非制造业企业。

表 3-5 中小企业数字化转型人员配置

人员数量	总体	企业所处行业		企业成立年限(发展阶段)				
		非制造业	制造业	0~5 年	6~10 年	11~20 年	21~30 年	30 年以上
小于 5 人	46.6%	44.7%	52.6%	56.1%	46.8%	44.1%	44.5%	53.8%
5(含)~10 人	24.5%	23.3%	28.6%	18.2%	21.8%	27.5%	27.3%	15.4%
10(含)~20 人	11.1%	11.3%	10.5%	13.6%	9.6%	9.9%	11.8%	30.8%
20(含)~50 人	7.2%	7.8%	5.3%	7.6%	9.6%	6.3%	6.4%	0
50 人及以上	10.6%	12.9%	3.0%	4.5%	12.2%	12.2%	10.0%	0

从企业所处发展阶段来看，无论是初创期企业，还是成长期企业和成熟期企业，总体上仍然是有一半左右的企业从事信息化或数字化的人员数量少于 5 人，其中成立 0~5 年的初创期企业和成立 30 年以上的成熟期企业从事信息化或数字化的人员数量在 5 人以下的比例稍高于其他阶段企业。此外，值得注意的是，成立 30 年以上的企业中，有 30.8% 的企业从事信息化或数字化人员的数量为 10（含）~20 人，这一比例明显高于其他阶段企业。

从企业称号来看，如图 3-10 所示，被调查的中小企业中，有 37.7% 的专精特新中小企业从事信息化或数字化的人员数量不足 5 人，而非专精特新中小企业这一比例高达 58.4%；有 27.2% 的专精特新中小企业从事信息化或数字化的人员数量是 5（含）~10 人，从事信息化或数字化的人员数量达到 10（含）~20 人的比例为 13%，从事信息化或数字化的人员数量达到 20 人及以上的比例超过 20%。从人员数量看，总体上专精特新中小企业数字化人员数量多于非专精特新中小企业。

第3章 北京市中小企业数字化转型现状调研

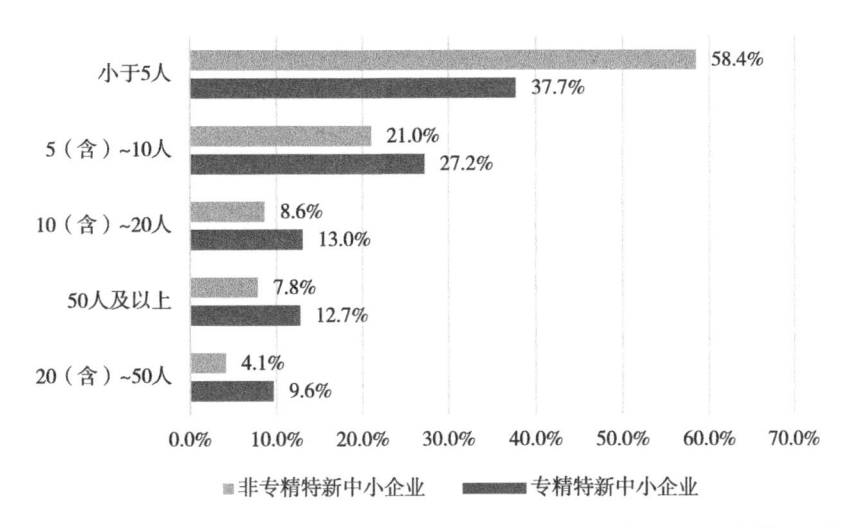

图3-10 专精特新中小企业和非专精特新中小企业数字化转型人员配置情况比较

综合来看,大部分中小企业中从事信息化或数字化的专职人员数量较少,这一方面反映出中小企业数字化转型人才的缺乏,一方面反映出中小企业对数字化转型相关资源投入的不足。

二、数字化转型组织保障

在企业数字化转型过程中,设置一级的数字化部门或机构,有利于从观念上统一对数字化战略重要性的认识,降低数字化转型过程中的阻碍,协同内部的冲突,促进数字技术和业务部门的深度融合,从资源上为数字化转型提供保障,加快中小企业数字化转型进程。从企业信息化或数字化部门设置情况来看,如表3-6所示,44.8%的中小企业设置了数字化的一级部门,31.6%企业是下辖于其他部门,只有23.6%的中小企业没有设置相应的机构或组织。综合来看,七成左右的中小企业设置了数字化转型相关的部门或机构。

表 3-6　中小企业数字化转型部门设置情况

	总体	企业所处行业		企业成立年限（发展阶段）				
		非制造业	制造业	0~5 年	6~10 年	11~20 年	21~30 年	30 年以上
设置了一级部门	44.8%	45.4%	42.9%	39.4%	48.1%	42.8%	50.0%	23.1%
下辖于其他部门	31.6%	29.0%	39.8%	25.8%	30.8%	31.5%	33.6%	53.8%
无数字化部门	17.8%	19.8%	11.3%	24.2%	14.7%	18.9%	15.5%	23.1%
业务实施外包	5.8%	5.8%	6.0%	10.6%	6.4%	6.8%	0.9%	0

从企业所处行业来看，制造业中小企业有 39.8% 的企业其数字化部门下辖于其他部门，明显高于非制造业中小企业 29.0% 的比例。被调查的企业中，非制造业中小企业有 19.8% 的企业没有设置专职的数字化管理部门，明显高于制造业中小企业 11.3% 的比例。

从企业所处发展阶段来看，成立 30 年以上的中小企业中，有 53.8% 的企业其数字化部门下辖于其他部门，这一比例明显高于其他阶段企业。此外，成立 30 年以上的中小企业和成立 0~5 年的中小企业有接近四分之一的比例没有设置专职的数字化管理部门。

从企业称号来看，如图 3-11 所示，49.4% 的专精特新中小企业设置了一级的信息化/数字化管理部门，36.7% 的专精特新中小企业其数字化部门下辖于其他部门。总体上看，专精特新中小企业设置数字化部门的比例明显高于非专精特新中小企业。从部门设置情况，可以看出专精特新中小企业对数字化转型的重视程度明显高于非专精特新中小企业。

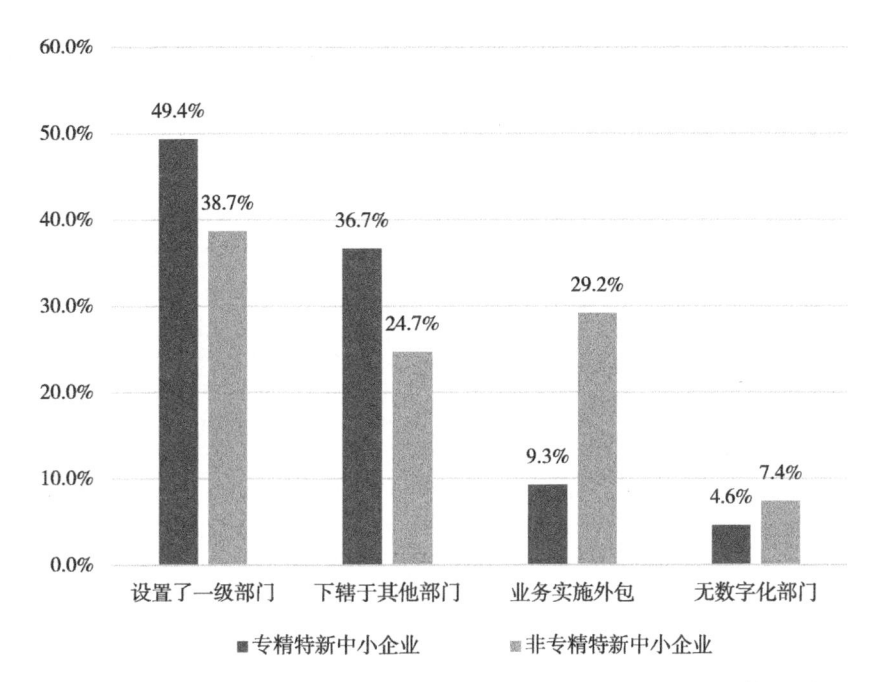

图 3-11　专精特新中小企业和非专精特新中小企业数字化部门设置情况比较

综合来看，不少中小企业已经在组织或部门层面开始对数字化转型进行推进和统筹，说明中小企业从战略上非常重视数字化转型。

三、数字化转型资金投入

为了全面了解中小企业数字化转型的资金投入情况，课题组对中小企业近 3 年数字化转型总投入资金和未来 2 年数字化转型计划投入资金分别进行了调研。

1. 近 3 年总投入资金

从企业近 3 年在数字化转型方面的总投入资金来看，如表 3-7 所示，近半数（42.7%）的企业近 3 年投资金额小于 100 万元，投资金额在100万元（含）~200万元、500万元以上的分别占到被调查企业的近五分之一。

表3-7 中小企业近3年数字化转型投资金额比较

近3年投资金额	总体	企业所处行业		企业成立年限（发展阶段）				
^	^	非制造业	制造业	0~5年	6~10年	11~20年	21~30年	30年以上
小于100万元	42.7%	44.9%	35.3%	43.9%	42.9%	42.8%	38.2%	69.2%
100万元（含）~200万元	19.4%	18.0%	24.1%	22.7%	19.2%	19.8%	18.2%	7.7%
200万元（含）~300万元	10.1%	9.0%	13.5%	12.1%	8.3%	10.4%	10.0%	15.4%
300万元（含）~500万元	8.5%	8.1%	9.8%	4.5%	8.3%	9.0%	10.9%	0
500万元及以上	19.4%	20.0%	17.3%	16.7%	21.2%	18.0%	22.7%	7.7%

从企业所处行业来看，非制造业中小企业近3年在数字化转型方面的投资金额小于100万元的比例（44.9%）明显高于制造业中小企业（35.3%）。投资金额为100万元（含）~200万元、200万元（含）~300万元、300万元（含）~500万元的比例，制造业中小企业都高于非制造业中小企业。

从企业所处发展阶段来看，不同成长阶段中小企业近3年在数字化转型方面投资金额的总体分布有一定相似性。成立时间30年以下的企业中，四成左右企业近3年在数字化转型方面累计投资金额均在100万元以下，两成左右企业累计投资金额在100万元（含）~200万元之间。值得注意的是，成立时间30年以上的企业中，累计投资金额在100万元以下的高达七成，远远高于其他类型企业，一方面原因是被调查的企业中成立时间30年以上的企业较少，因此得出的结论不具有普遍性和代表性。另一个可能的原因是企业成立时间越长，组织面临的惯性越大，数字化转型开展难度越大。

从企业称号来看，如图 3-12 所示，三分之一左右的专精特新中小企业近 3 年在数字化转型方面的总投入资金小于 100 万元，这一比例明显低于非专精特新中小企业（58.8%），近 60% 的非专精特新中小企业近 3 年在数字化转型方面的总投入资金小于 100 万元。数字化转型投资金额在 100 万元（含）~200 万元、200 万元（含）~300 万元、300 万元（含）~500 万元三个区间段中，专精特新中小企业相应的比例都明显高于非专精特新中小企业。

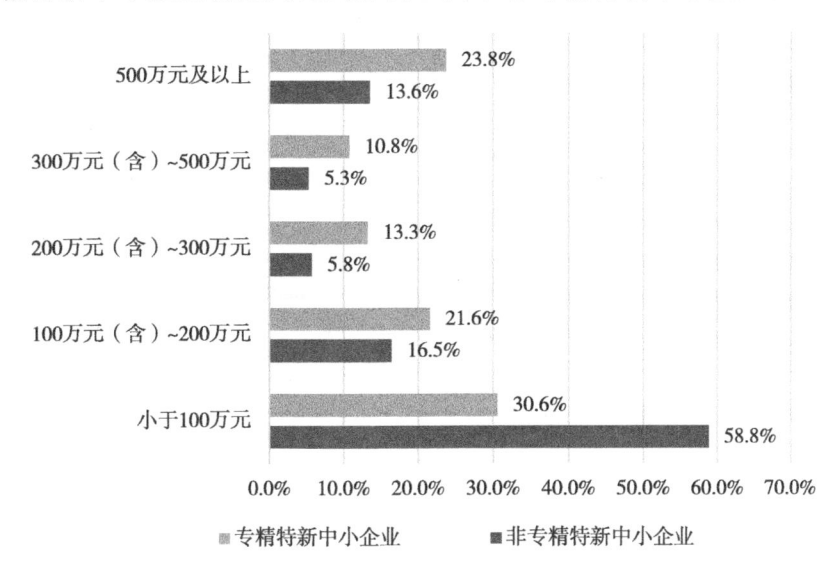

图 3-12 专精特新中小企业和非专精特新中小企业近 3 年数字化转型投资金额比较

2. 未来 2 年计划投入资金

从企业未来两年计划在数字化转型方面的总投入资金来看，

如表 3-8 所示，40.4% 的中小企业未来 2 年在数字化转型方面计划投资金额均在 100 万元以下，22.6% 的中小企业计划投资金额在 100 万元（含）~200 万元之间，12.3% 的中小企业计划投资金额在 200 元（含）~300 万元之间，还有 15.9% 的中小企业计划投资金额在 500 万元以上。计划投资金额在 300 万元及以上的中小企业比例累积为 24.7%，以上结果也基本印证了中小企业数字化转型中的"二八现象"，即 20% 的企业数字化转型做得比较深入，面临的是转型升级问题，80% 的企业做得一般，面临的是数字化的基础应用问题。

表 3-8 未来 2 年中小企业数字化转型计划投资金额比较

未来 2 年计划投资金额	总体	企业所处行业		企业成立年限（发展阶段）				
		非制造业	制造业	0~5 年	6~10 年	11~20 年	21~30 年	30 年以上
小于 100 万元	40.4%	42.9%	32.3%	42.4%	41.0%	37.3%	53.8%	39.7%
100 万元（含）~200 万元	22.6%	21.7%	25.6%	19.7%	24.3%	23.6%	15.4%	21.2%
200 万元（含）~300 万元	12.3%	11.3%	15.8%	13.6%	10.8%	15.5%	15.4%	11.5%
300 万元（含）~500 万元	8.8%	8.5%	9.8%	9.1%	9.0%	6.4%	7.7%	10.3%
500 万元及以上	15.9%	15.7%	16.5%	15.2%	14.9%	17.3%	7.7%	17.3%

从企业所处发展阶段来看，同成长阶段中小企业未来 2 年在数字化转型方面投资金额的分布相似，四成左右企业未来 2 年在数字化转型方面计划投资金额均在 100 万元以下，两成左右企业计划投资金额在 100 万元（含）~200 万元之间，一成左右企业计划投资金额在 200 万元（含）~300 万元之间，还有两成左右企业计划投资金额在 500 万元以上。

从企业所处行业来看，非制造业中小企业未来2年在数字化转型方面投资金额小于100万元的比例（42.9%）明显高于制造业中小企业（32.3%），这与过去3年实际投入趋势一致。计划投资金额为100万元（含）~200万元、200万元（含）~300万元、300万元（含）~500万元的比例，制造业中小企业都高于非制造业中小企业。以上调研结果再次说明制造业中小企业在数字化转型上的资金投入总体上高于非制造业中小企业，也说明制造业中小企业未来2年数字化转型需要较高的资金投入。

从企业未来2年在数字化转型方面的总投入来看，如图3-13所示，超过四分之一（26.2%）的专精特新中小企业数字化转型投资额预计小于100万元，这一比例明显低于非专精特新中小企业（59.3%）。计划投资金额为100万元（含）~200万元、200万元（含）~300万元、300万元（含）~500万元的比例，专精特新中小企业都明显高于非专精特新中小企业。

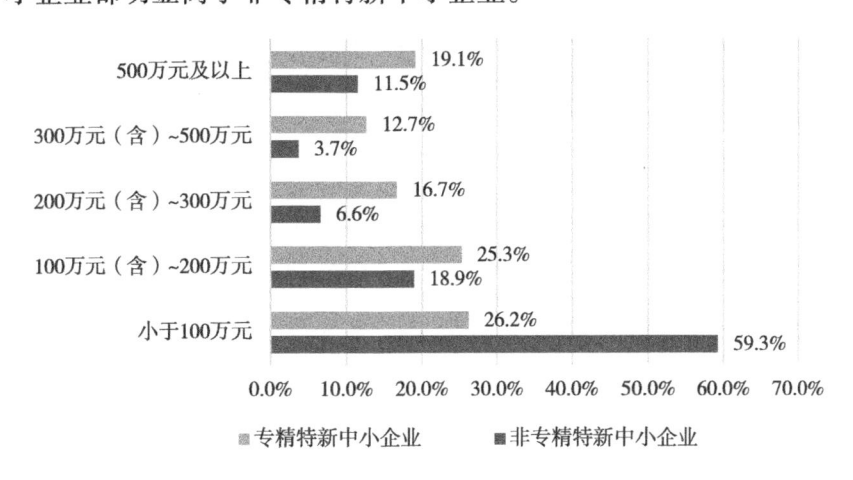

投资金额	专精特新中小企业	非专精特新中小企业
500万元及以上	19.1%	11.5%
300万元（含）~500万元	12.7%	3.7%
200万元（含）~300万元	16.7%	6.6%
100万元（含）~200万元	25.3%	18.9%
小于100万元	26.2%	59.3%

图3-13 专精特新中小企业和非专精特新中小企业未来2年数字化转型计划投资金额比较

综合两方面调研结果可以看出，专精特新中小企业在数字化转型方面的投入要高于非专精特新中小企业。

四、数字化转型投资领域

为了全面了解中小企业数字化转型的投资领域，课题组对中小企业目前数字化转型投资领域和未来迫切需要投资领域分别进行了调研。

中小企业数字化转型目前主要投资领域，如表3-9所示，排在前三位的为软件购置（59.3%）、系统运维（40.7%）、技术研发或引进（36.7%），即主要集中在技术领域。中小企业数字化转型的未来迫切需要投资领域，如表3-10所示，排在第一位的是技术研发或引进（46.2%），其次是数字产品开发（36.9%），再次是数字人才引进和培训（32.3%）。调研结果反映出目前中小企业数字化转型已经逐步进入深水区，企业数字化转型投资的重点从初期的软件购置等通用性需求进入到技术研发和产品开发等个性化需求阶段。此外，相对于现阶段投资领域，在未来迫切需要投资领域中选择数字产品开发、数字人才引进、战略规划企业的比例明显提升，数字产品开发比例从30.0%提升到36.9%，数字人才引进和培训比例从15%提升到32.3%，战略规划比例从19.9%提升到25.4%，以上数据说明中小企业数字化转型逐渐从数字技术应用向企业战略变革转变。

表 3-9　中小企业数字化转型目前投资领域情况

领域	总体	企业所处行业		企业成立年限（发展阶段）				
		非制造业	制造业	0~5年	6~10年	11~20年	21~30年	30年以上
软件购置	59.3%	54.4%	75.2%	48.5%	57.1%	57.2%	70.9%	76.9%
系统运维	40.7%	41.2%	39.1%	42.4%	42.9%	41.9%	36.4%	23.1%
技术研发或引进	36.7%	38.0%	32.3%	36.4%	42.9%	35.6%	32.7%	15.4%
硬件建设	31.0%	26.3%	46.6%	22.7%	30.8%	26.6%	44.5%	38.5%
数字产品开发	30.0%	34.3%	15.8%	45.5%	29.5%	31.1%	21.8%	7.7%
战略规划	19.9%	20.7%	17.3%	21.2%	21.2%	20.7%	14.5%	30.8%
数字人才引进和培训	15.0%	15.9%	12.0%	21.2%	17.3%	14.4%	9.1%	15.4%
其他	3.5%	4.4%	0.8%	7.6%	1.3%	4.1%	2.7%	7.7%

表 3-10　中小企业数字化转型未来投资领域情况

领域	总体	企业所处行业		企业成立年限（发展阶段）				
		非制造业	制造业	0~5年	6~10年	11~20年	21~30年	30年以上
技术研发或引进	46.2%	46.5%	45.1%	50.0%	44.2%	50.5%	41.8%	15.4%
数字产品开发	36.9%	39.6%	27.8%	43.9%	36.5%	36.0%	36.4%	23.1%
数字人才引进和培训	32.3%	30.6%	37.6%	34.8%	29.5%	30.6%	38.2%	30.8%
软件购置	31.6%	26.7%	47.4%	27.3%	28.2%	34.2%	30.9%	53.8%
系统运维	29.1%	30.6%	24.1%	33.3%	32.7%	27.9%	25.5%	15.4%
战略规划	25.4%	25.3%	25.6%	25.8%	23.7%	25.2%	25.5%	46.2%
硬件建设	22.2%	18.9%	33.1%	13.6%	18.6%	22.1%	30.0%	46.2%
其他	3.2%	3.9%	0.8%	6.1%	1.3%	3.2%	3.6%	7.7%

从企业所处行业来看，目前投资领域方面，如表 3-9 所示：制造业中小企业数字化转型投资在软件购置（75.2%）和硬件建设（46.6%）上的企业比例显著高于非制造业中小企业；非制造业

中小企业数字化转型投资在数字产品开发上的比例（34.3%）明显高于制造业中小企业。从数字化转型未来投资领域来看，也呈现出类似的态势如表3-10所示：制造业中小企业未来迫切需要投资领域排在前四位的分别是软件购置（47.4%）、技术研发或引进（45.1%）、数字人才引进和培训（37.6%）和硬件建设（33.1%），而非制造业中小企业未来迫切需要投资领域排在前面的分别是技术研发或引进（46.5%）、数字产品开发（39.6%）、系统运维（30.6%），以及数字人才引进和培训（30.6%）。

从企业所处发展阶段来看，目前投资领域方面，不同成长阶段中小企业数字化转型投资领域有一定差异性，如表3-9所示：在成立5年及以下的企业中，48.5%的企业投资在软件购置上，45.5%的企业投资在数字产品开发上，42.4%的企业投资在系统运维上；在成立6~10年、11~20年的企业中，排在前三位的投资领域均是软件购置、系统运维，以及技术研发或引进；在成立30年以上的企业中，超过七成的企业投资在软件购置上，这一比例远高于其他阶段企业。从数字化转型未来投资领域来看，不同成长阶段企业成立既有一定相似性，也呈现出一定的差异性，如表3-10所示：从相似性方面，成立30年及以下不同阶段的企业排在首位的均是技术研发或引进；差异性方面，成立30年以上阶段的企业对战略规划、软件购置和硬件建设上的投资，选择比例明显高于其他阶段企业。

从企业称号来看，在中小企业数字化转型目前投资领域中，如图3-14所示：专精特新中小企业数字化转型主要投资领域分别是软件购置（62.0%）、系统运维（44.4%），以及技术研发或引进（43.5%）；非专精特新中小企业主要投资领域排在前两位的也是软件购置和系统运维，比例分别是 55.6% 和 35.8%。在中小企业未来投资领域中，如图 3-15 所示：专精特新中小企业主要投资领域排在前三位的是技术研发或引进（54.0%）、数字产品开发（41.0%）和软件购置（33.0%）；非专精特新中小企业选择得比较分散，技术研发或引进、数字产品开发、软件购置、数字人才引进和培训、系统运维的比例都在三分之一左右。

投资领域	专精特新企业	非专精特新企业
软件购置	62.0%	55.6%
系统运维	44.4%	35.8%
技术研发或引进	43.5%	27.6%
数字产品开发	34.3%	24.3%
硬件建设	33.6%	27.6%
战略规划	21.0%	18.5%
数字人才引进和培训	13.3%	17.3%
其他	0.9%	7.0%

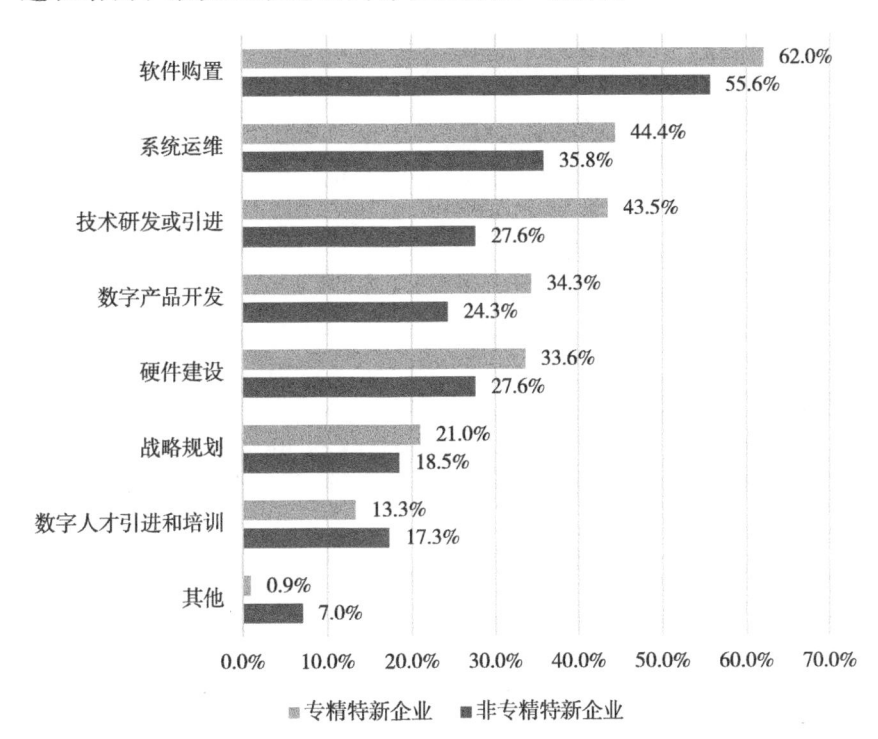

图 3-14 专精特新中小企业和非专精特新中小企业数字化转型目前投资领域比较

北京市中小企业数字化转型：现状、路径和成效

```
技术研发或引进      54.0%
                  35.8%
数字产品开发        41.0%
                  31.3%
软件购置           33.0%
                  29.6%
数字人才引进和培训   31.8%
                  32.9%
系统运维           29.6%
                  28.4%
战略规划           25.3%
                  25.5%
硬件建设           24.4%
                  19.3%
其他              0.6%
                  6.6%
```
■ 专精特新中小企业   ■ 非专精特新中小企业

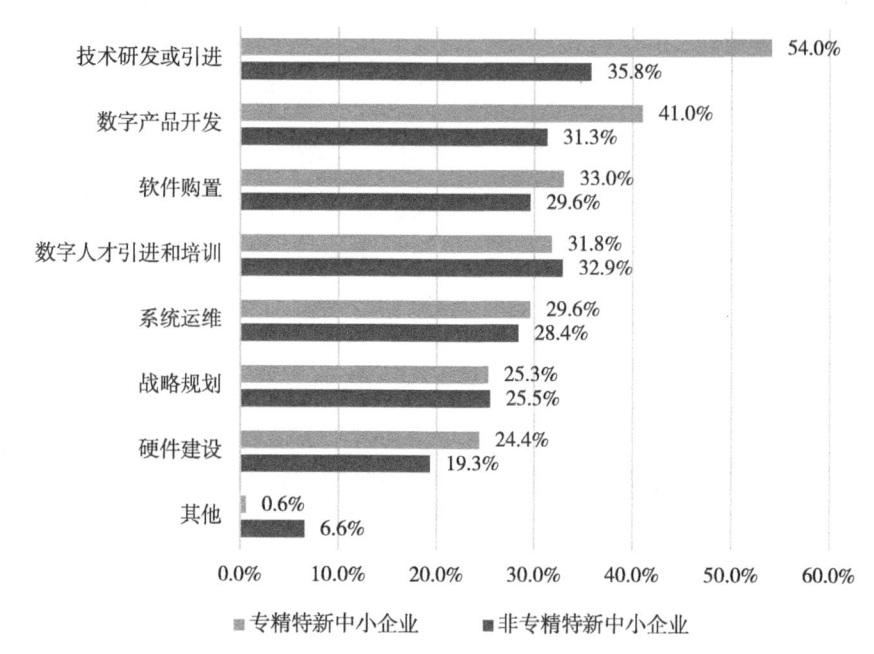

图 3-15 专精特新中小企业和非专精特新中小企业数字化转型未来投资领域比较

第 6 节　中小企业数字化转型成效

总体来看，如图 3-16 所示，71.8% 的中小企业在进行数字化转型后实现了综合办公效率提升，49.7% 的中小企业实现了人均劳动生产率提升，38.8% 的中小企业实现了客户满意率提升，37.6% 的中小企业实现了研发能力提升。除了这几项比例较高外，数字化转型在促进中小企业新产品开发、产品质量改进、营业收入提升和成本降低方面的比例均不足 30%。

› 068

指标	比例
综合办公效率提升	71.8%
人均劳动生产率提升	49.7%
客户满意率提升	38.8%
研发能力提升	37.6%
项目/产品交付效率提升	34.7%
人均营业收入提升	29.5%
每百元营业收入中的成本下降	25.4%
存货周转率提升	13.2%
产品良品率提升	11.5%
新产品数量增加	10.1%
拆单效率提升	4.8%
其他	2.8%

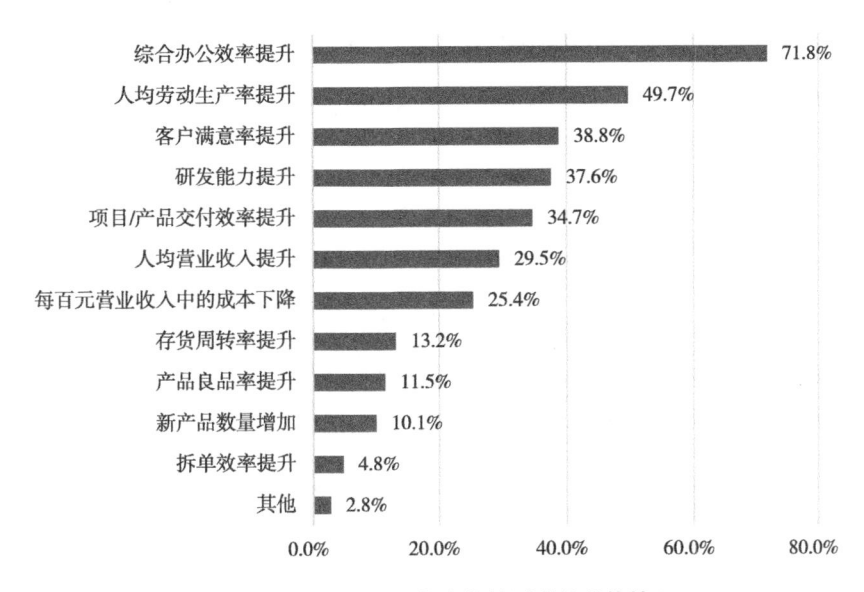

图 3-16 中小企业数字化转型成效总体情况

从企业所处行业来看，如表 3-11 所示，制造业中小企业在进行数字化转型后主要实现了综合办公效率提升（79.7%）、人均劳动生产率提升（50.4%）、研发能力提升（39.8%）以及项目/产品交付效率提升（39.8%）等方面的成效；非制造业中小企业在进行数字化转型后主要实现了综合办公效率提升（69.4%）、人均劳动生产率提升（49.5%）、客户满意率提升（40.8%）以及研发能力提升（36.9%）等方面的成效。差异性方面，79.7% 的制造业中小企业实现了办公效率提升，这一比例明显高于非制造业中小企业 69.4% 的比例，说明数字化转型对制造业中小企业办公效率提升有更明显的效果。32.3% 的制造业中小企业实现了客户满意率提升，这一比例稍低于非制造业中小企业 40.8% 的比例，说明数字化转型对非制造业中小企业客户满意度提升有更明显的效果。此外，在人均营业收入提升和每百元营业收入中的成本下降这两个指标中，非制造业中小企业的比例高于制造业中小企业 5 个百分点左右，说明数字化转型对促进非制造业中小企业收入增加和成本降低有更明显的效果。

表 3-11 中小企业数字化转型成效比较

	总体	企业所处行业		企业成立年限（发展阶段）				
		非制造业	制造业	0~5 年	6~10 年	11~20 年	21~30 年	30 年以上
综合办公效率提升	71.80%	69.4%	79.7%	66.7%	72.4%	73.0%	69.1%	92.3%
人均劳动生产率提升	49.70%	49.5%	50.4%	39.4%	47.4%	52.7%	51.8%	61.5%
客户满意率提升	38.80%	40.8%	32.3%	45.5%	30.1%	40.1%	44.5%	38.5%
研发能力提升	37.60%	36.9%	39.8%	34.8%	36.5%	40.5%	36.4%	23.1%
项目/产品交付效率提升	34.70%	33.2%	39.8%	39.4%	33.3%	36.0%	28.2%	61.5%
人均营业收入提升	29.50%	30.4%	26.3%	27.3%	28.2%	32.4%	28.2%	15.4%
每百元营业收入中的成本下降	25.40%	26.7%	21.1%	21.2%	28.2%	26.6%	21.8%	23.1%
存货周转率提升	13.20%	10.4%	22.6%	15.2%	10.9%	14.0%	14.5%	7.7%
产品良品率提升	11.50%	9.7%	17.3%	9.1%	14.7%	9.9%	10.9%	15.4%
新产品数量增加	10.10%	9.9%	10.5%	12.1%	11.5%	8.6%	10.9%	0.0%
拆单效率提升	4.80%	4.1%	6.8%	1.5%	4.5%	5.0%	6.4%	7.7%
其他	2.80%	3.5%	0.8%	9.1%	0.6%	2.7%	1.8%	7.7%

从企业所处发展阶段来看，数字化转型对各发展阶段企业成效总体差异性不大，排在首位的均是综合办公效率提升。值得注意的是，成立 30 年以上的成熟期企业，数字化转型促进办公效率提升的比例高达 92.3%，促进人均劳动生产率提升和项目/产品交付效率提升的比例均达到 61.5%，这三方面比例明显高于其他成长阶段企业。以上结果说明数字化转型对成熟期中小企业效率提升具有明显的作用。

从企业称号来看，如图3-17所示，被调查企业中，75.9%的专精特新中小企业通过数字化转型提升了综合办公效率，50.3%的专精特新企业促进了研发能力提升，这一比例明显高于非专精特新中小企业。总体来看，专精特新中小企业和非专精特新中小企业数字化转型效果差异性并不明显。

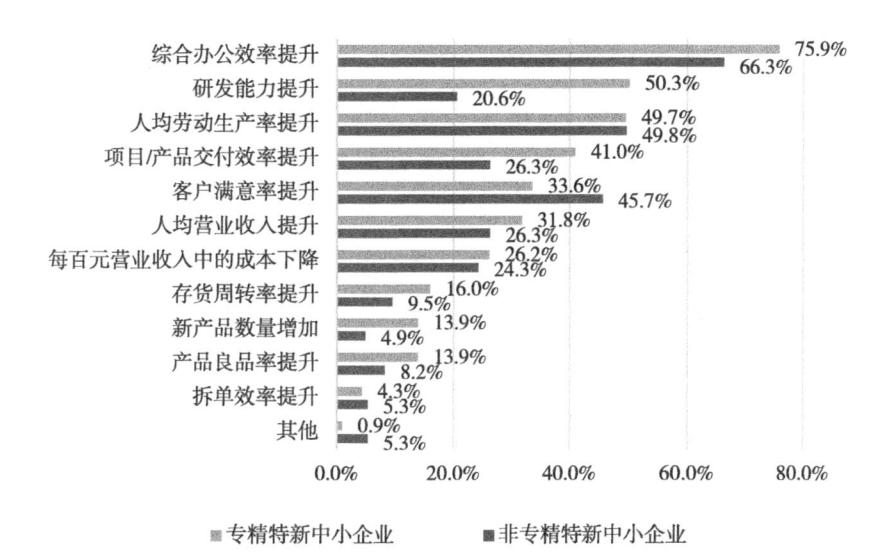

图3-17 专精特新中小企业和非专精特新中小企业数字化转型效果比较

指标	专精特新中小企业	非专精特新中小企业
综合办公效率提升	75.9%	66.3%
研发能力提升	50.3%	20.6%
人均劳动生产率提升	49.7%	49.8%
项目/产品交付效率提升	41.0%	26.3%
客户满意率提升	45.7%	33.6%
人均营业收入提升	31.8%	26.3%
每百元营业收入中的成本下降	26.2%	24.3%
存货周转率提升	16.0%	9.5%
新产品数量增加	13.9%	4.9%
产品良品率提升	13.9%	8.2%
拆单效率提升	4.3%	5.3%
其他	0.9%	5.3%

为了分析数字化转型的整体效果，对12个维度的转型成效进行赋值，如果企业选择了，赋值为1，如果企业没有选择，赋值为0，满分是13分，结果如表3-12所示。可以看到，从整体效果看，最高得分为5分。在总样本中，取得5方面成效的企业比例仅为30.3%，取得3方面和4方面成效的企业比例累计为37.0%，超过三成企业仅仅在1~2个维度看到转型成效。值得注意的是，成立30年以上的企业中取得5分转型成效的比例达到46.2%，远高于其他阶段的企业。转型成效得分为1的企业中，成立0~5年

的企业和成立30年以上的企业选择比例均超过五分之一，明显高于其他阶段企业。这反映出相当部分的初创期企业和成熟期企业数字化转型成效不显著。

表 3-12　中小企业数字化转型综合效果

效果得分	总体	企业所处行业		企业成立年限(发展阶段)			
		非制造业	制造业	0~5 年	6~10 年	11~20 年	21~30 年	30 年以上
1	14.5%	16.8%	6.8%	24.2%	13.5%	12.6%	12.7%	23.1%
2	18.2%	17.1%	21.8%	9.1%	23.7%	16.7%	20.9%	0
3	20.8%	20.7%	21.1%	18.2%	20.5%	20.3%	23.6%	23.1%
4	16.2%	15.7%	18.0%	18.2%	15.4%	17.6%	14.5%	7.7%
5	30.3%	29.7%	32.3%	30.3%	26.9%	32.9%	28.2%	46.2%

以上调查结果说明，当前中小企业对数字化转型整体成效评价不高，还有相当比例的中小企业数字化转型成效不明显，这可能会影响后续的数字化转型资源投入。分析中小企业数字化转型存在的问题，挖掘导致数字化转型成效不显著的原因，是推进中小企业数字化转型工作的关键问题之一。

第 7 节　中小企业数字化转型典型案例

一、北京三元基因药业股份有限公司

1. 企业概况

北京三元基因药业股份有限公司（以下简称三元基因），于

1992年成立，是中国第一家以基因工程专有技术命名的企业，注册资金12,181万元人民币。三元基因主要从事研制、开发、生产和销售医药生物技术产品，包括基因工程药物、基因工程疫苗和诊断试剂，并从事与之相关的技术贸易与技术咨询服务业务。三元基因核心产品人干扰素α1b是中国第一个具有自主知识产权的基因工程一类新药，临床应用领域覆盖肝病科、感染科、儿科、呼吸科、皮肤科、眼科、血液科和肿瘤科等多个临床科室；人干扰素α1b树立了中国基因工程药物的优质品牌，创造了良好的经济效益和社会效益。

2021年5月，三元基因获得北京市经济和信息化局颁发的北京市专精特新"小巨人"企业证书。2021年11月，三元基因作为首批上市企业登陆北京证券交易所。作为一家研发驱动的生物制药企业，创新性与前瞻性始终是三元基因的重要优势。自创立以来，公司成功开发了第一个具有中国自主知识产权的基因工程一类新药，设计建立了第一条通过国家GMP（Good Manufacturing Practice of Medical Products，药品生产管理规范）认证的基因工程药物生产线，先后投资建立了四大技术平台，为持续创新与发展奠定了坚实的技术基础。三元基因2023年营收2.45亿元，净利润2909.35万元，同比分别增长43.12%和40.41%。

2. 数字化转型现状

经过32年的不懈努力，三元基因在数字化转型发展的道路上一直与时俱进。在工业化生产方面，三元基因在2022年成功完成了全产线的数字化联动产线升级，正式从工业2.0时代迈入工业3.0时代。

（1）经营管理的数字化

在经营管理方面，三元基因逐步在公有云上部署了 ERP、OA（办公自动化）、CRM（客户关系管理）、SCM（供应链管理）等经营层信息化管理系统，以管理内部资源并管理上下游供应链，扩展信息化手段以分析和把握市场动态，从而实现精确的产销联动和预测能力。

（2）生产制造的数字化

数字工厂通常包括高度集成的自动化生产线、实时数据采集与分析系统、智能仓储物流系统，旨在提升生产效率、产品质量、资源利用率以及整体运营管理水平。为适应现代生物医药行业对于精细化管理和智能制造的需求，三元基因于 2021 年便开始启动工程药物智能化研发和生产基地项目建设。新基地项目坐落在华北地区生物医药生产研发产业高端聚集区——中国药谷大兴生物医药基地，并于 2021 年和 2022 年连续两年被北京市政府列入"北京市 100 项科技创新及高精尖产业重点工程"，得到了北京市政府的大力支持。智能化新厂区 2023 年顺利落成。

三元基因新基地建设将以智能化转型为亮点，部署符合欧盟 GMP 规范要求的顶尖级智能自动化联动产线设备以扩充产能；打造国际化一流的细胞治疗实验室，加快细胞治疗类基因药物的研发进程。并以此为始，科学有序地将三元基因建设为生物制药领域国家级工业 4.0 标杆企业。

新厂区智能化研发和生产基地的智能化生产线将全面服务于新产品上市和规模化生产。新厂区智能化生产和研发基地项目设计和建设了人干扰素 α1b 等多种产品的原液制造和制剂生产线，多规格和多剂型产品产能达到一亿支以上。除了细胞因子药物研发生产平台外，三元基因新厂区智能化生产和研发基地还规划、设计和建设了细胞治疗研发和生产平台，为未来细胞治疗新产品和新治疗方案的创新发展做好更广泛的布局。

新厂区大量运用到工业物联网、窄带物联网、大数据分析、云存储、AI、信息安全等先进技术，不断提升公司智能制造应用的成熟度，以特定专属的IT/OT分域网络结构作为底层支撑，参照国际ISA-95标准，结合三元基因自身工艺特点与战略发展需求，引入SCADA（数据采集与监视控制系统）、DCS（分散控制系统）、MES（制造执行系统）、WMS（仓库管理系统）、LIMS（实验室信息管理系统）、QMS（质量管理系统）、EAM（企业资产管理）、EMS（环境监测系统）、BMS（楼宇管理系统）、数字孪生等前沿信息化系统和一流的创新化专业解决方案与现有OA、ERP、CRM、SCM、BI（商务智能）等经营管理系统集成，将人流、物流、资金流、信息流等资源要素打通，实现增信、提效、降本、环保的愿景，进一步激发自身活力与竞争力。

3. 数字化转型主要成效

升级工业3.0以后，数字化转型已经为三元基因带来了增效降本、精细管控、节省内部协调效率等积极的结果。

（1）实时数据采集，实现全流程精细化管理

通过布置各类高精度传感器和先进监测设备，可以实现对生产全流程的实时数据采集。通过应用数字化自动控制、窄带物联网、数据采集监控和智能机器人等先进技术，三元基因全新的数字化车间实现了全产线感知，并实现了设备间高度的联动控制。

该系统实时采集监控生产过程中的工艺参数、设备运行状态、告警和审计等重要数据，实施全流程的精细化管理。

（2）车间智能化改造，提升生产效率和产能

在北京大兴经济开发区管委会的大力支持下，包装车间智能化升级改造项目成功实施，实现智能化与数字化。新包装线首先解决了从灯检到包装的断线问题，即从药品灯检进入后续贴签、小盒包装、中级包装、扫码、装封箱、装车的所有环节实现机械联动。在此过程中，机器人手臂的应用不仅解放了工人的双手，降低了劳动强度，也大幅提升了搬运和装车效率，而智能化灯检仪的引入使得灯检速度提升到 300~350 支/分钟。经过包装线的整体智能化升级改造，目前日均包装量可达 12 万支，相比原有包装线产能提升了 4 倍。

（3）AI 和大数据技术，赋能企业价值链效率提升

在迈入工业 4.0 时代后，三元基因希望运用更多的专业信创系统以及诸如 AI、大数据分析等前沿科技，帮助自身解决更多问题，赋能企业生产质量、供应链、经营管理、市场和研发、客户服务等价值链各环节。

在生产质量控制方面，数字化工具可以赋能研发、生产、质量、物控等各业务单元，减少人为操作失误，助力精益化合规管理，帮助生产质量体系更为高效地调用数据，通过 AI 分析预测设备可能出现的问题，从而避免生产中断，改善业务现状，实现降本增效。

在供应链管理方面，通过数字化转型，企业能够实现供应链的可视化，实时跟踪和预测供应链中的潜在问题。例如，通过 AI

和机器学习的技术可以优化库存管理，减少过剩或缺货的情况。

在经营管理方面，数字化转型使财务报告和分析变得更加简洁，能够更快地获取到财务信息，并进行深入的数据分析。人力资源的数字化使得招聘、培训和员工管理更加高效。例如，利用AI技术在招聘过程中可以进行初步筛选，提升甄别效率。

在市场和研发方面，企业可以利用数据科学技术进行市场调查和产品研发。通过收集和分析数据，帮助企业了解消费者的需求，为产品开发和营销策略提供依据。此外，AI技术的运用，可以大幅度提升细胞治疗药物研发过程中的靶点发现效率，缩短研发进程。

在客户服务方面，通过数字化转型，企业能够提供更好的客户体验。例如，客户可以随时随地通过移动应用进行信息发布与学术交流，获取产品临床信息反馈，甚至进行售后服务。

二、北京天玛智控科技股份有限公司

1. 企业概况

北京天玛智控科技股份有限公司（以下简称天玛智控）成立于2001年7月，隶属中国煤炭科工集团有限公司，专业从事煤矿无人化智能开采控制技术和装备的研发、生产、销售和服务，属于多品种、小批量离散制造业。天玛智控是国家高新技术企业、国家技术创新示范企业、国务院国资委创建世界一流示范企业与国有重点企业管理标杆创建行动标杆企业、国家新一代信息技术与制造业融合发展试点示范企业，北京市第一批"隐形冠军"企业、北京市智能制造标杆企业、北京市专精特新企业、北京市诚信品牌企业，拥有国家认定企业技术中心、国家重点领域创新团队和北京市智能工厂等资质，产品荣获"国家制造业单项冠军产品""中国煤炭机械工业优质品牌产品"等荣誉称号。

2. 数字化转型现状

天玛智控以"流程牵引、数据驱动、体系协同、数字赋能"为指导，将数字技术融入价值创造过程中，推动公司发展理念、工作模式、管理机制变革，将数字化思想融入企业经营活动中，实现业务从生产要素驱动向数据驱动发展。

（1）精心组建实施团队，提供资源保障

公司"十四五"发展规划将"数字天玛"建设上升为企业战略。组建数字化转型领导组和工作组，负责顶层谋划、统筹全局，协同外部专家组，推进具体实施工作，数字化转型子项目负责人分别组建实施团队完成项目建设。

（2）详细制定技术路线，明确实施路径

参照国家标准，诊断分析公司现状，梳理业务流程并聚焦痛点问题，设计数字化转型愿景目标，制定总体架构，明确实施内容和实施计划，遵循"统一规划，迭代实施"原则，依托高质量的人才队伍，持续推进公司数字化转型。

（3）全力构建数字场景，树立典型标杆

构建数字化研发与设计、产线柔性配置、在线运行监测、智能在线检测、智能仓储、供应商数字化管理、数据治理与流通、产品远程运维等数字场景，加大新兴数字技术应用，实现提质增效降成本。

（4）基于模型驱动的研发工艺协同一体化

建设 PLM（Product Lifecycle Management，产品全生命周期管理）系统、SDM（Simulation Data Management，仿真数据管理）系统、DPM（Digital Process Management，数字化工艺管理）系统，同时与机电液软工业软件和相关信息系统集成，构建研发工艺协同一体化平台，实现电液控换向阀、液箱等定制化产品参数化设计，设计仿真迭代优化，设计工艺一体化协同，缩短了研制周期，提升了一次设计成功率。

（5）面向电液控换向阀的加工和装配柔性配置

建设柔性数字化加工车间和装配车间，应用工业机器人、视觉系统、RFID 等技术，打通原材料、加工、配送、装配、检测各环节，建成了基于电液控换向阀的全流程柔性生产作业模式，实现了核心产品从原材料到成品的无人值守、高效智能化生产，一次装配合格率提升 7% 以上，综合工效提高 7 倍以上。

（6）机加设备智能在线运行监控

自主开发 SCADA（Supervisory Control And Data Acquisition，数据采集与监视控制）系统、设备管理系统，集成应用 DNC（Distributed Numerical Control，分布式数控）设备联网、设备预测性监测、刀具在机检测以及工件在线监测等系统，达到数控设备的生产过程数据实时采集和监控，通过大数据模型分析和预警，设备故障停机率降低 29.7%，精密刀具利用率提高 10% 以上。

（7）面向电液控换向阀装配的智能在线检测

基于自动化装配工艺，自主研制阀芯、电磁先导阀、成品检测专机，建立关键质量控制标准，部署气动量仪、激光测距、智能相机等传感器，建设 QMS（Quality Management System，质量管理系统），实时掌握产品质量变化数据。与人工检验相比，物料尺寸、装配完整性、符合性等检测效率提升 50% 以上，统计分析效率提升 3 倍以上。

（8）智能化仓储管理

建设立体库、升降库、智能刀具库等 5 种仓储库，应用 PDA、尺检称重、AGV 等智能物流设施，建成智能 WMS（Warehouse Management System，仓储管理系统），集成 6 个信息系统以及仓储物流设备，实现仓储物流作业过程条码化、自动化管控以及推拉结合式精准配送，入库效率提升 44%，出库效率提升 46%，物料批次可追溯率达到 100%。

（9）基于业务协同的供应商数字化管控

建设 SRM（Supplier Relationship Management，供应商关系管理）系统，全面梳理优化采购业务流程，从业务需求出发，定制化开发供应商管理、协同管理等功能模块，打通 7 个信息系统数据，开展供应商绩效评价，对供应商实施分类分级管理，结合计划、质检及仓储数据，优化采购策略，采购整体工作效率提升 30%，供应商交付及时率提升 13%。

（10）企业大数据治理与应用

制定数据战略规划，构建数据治理体系，建设数据资产管理系统、主数据管理系统、BI（Business Intelligence，商业智能）分析系统在内的大数据中心硬件设施和软件系统，发布 7 项标准规范，对数据进行统一采集、存储、治理和应用挖掘，打通 20 余个业务系统，建立生产、采购、营销等 12 个业务域，120 余项业务指标，28个可视化看板。

（11）面向综采工作面的产品远程运维

构建远程运维服务体系，研发远程运维服务平台、综采自动化系统软件、产品全生命周期管理软件，构建泵站、矿压等核心设备元部件的故障诊断及预测模型，包括18个综采机理模型，2个诊断预测模型，实现产品生产、质量、仓储、售后等全过程数据追溯，实现产品远程运维。

3. 数字化转型主要成效

（1）经济效益

数字化转型助力公司快速发展。天玛智控公司通过深度融合新一代信息技术，提高一体化运营水平，实现精益生产管理。结合企业经营管理、生产运营，梳理产品设计、工艺设计、生产制造、产品质量、仓储物流以及产品运维各业务流程。建设了以MES为核心，融合了PLM、ERP、APS、WMS、QMS、SRM、大数据平台、数字化工艺等系统，通过系统间的集成开发，消除信息孤岛，打通数据、流程通道，实现产品从研发设计、生产制造到销售服务全过程的一体化、数字化及协同化。持续的精益生产管理，改善加强了生产异常管理，控制了生产过程质量损失；帮扶供应商提升了生产效率；分类制定了物料采购降本策略和降本目标，降低了采购成本，提升了整体运营水平。

根据近三年财务审计报告数据，2021—2023年营业收入分别是15.53亿元、19.68亿元、22.06亿元，复合增长率为19.19%；利润总额分别是4.28亿元、4.52亿元、4.80亿元，复合增长率为5.89%；净利润分别是3.71亿元、3.97亿元、4.25亿元，复合增长率为 6.94%。全员劳动生产率（工业总产值/全部就业人员平均人数）由 2021 年的 327.28 万元/人提升至 2023 年的 394.87 万元/人，提高 20.65%。

（2）社会效益

煤机装备制造业属于典型的多品种、小批量离散型订单式生产模式，由于客户定制化程度高，对响应速度要求高，所以较难满足客户多变的定制化需求。天玛智控数字化转型实现了减人降本、提质增效，获得了国家"新一代信息技术与制造业融合发展试点示范单位"、北京市智能工厂等荣誉称号，入选了 2023 年度国家智能制造示范工厂揭榜单位名单，对煤机装备制造行业和区域内相关企业的转型升级，具有示范引领和复制推广效应。

三、北京神州光大科技有限公司

1. 企业概况

北京神州光大科技有限公司（以下简称神州光大）是国家高新技术企业、北京市专精特新"小巨人"企业、博士后科研工作站设站单位，是国内领先的平台型 ICT 资产综合服务商，专注于ICT（Information and Communications Technology，信息与通信技术）维保和运维服务、工程师实施服务、云集成和云运维服务、智能运维软件开发和集成服务。总部在北京，在上海、广州等地设有分公司及设备运营中心。公司的主要业务范围包括：云集成和云运维服务、IT 设备维保和管理服务、工程师驻场和实施服务、IT 人才培育服务。神州光大先后荣获"2021 云服务领军企业"荣誉称号、"创客北京 2022"大赛高精尖领域优胜奖等。

作为国家高新技术企业、北京市专精特新"小巨人"企业，神州光大在借鉴算力云（弹性按需使用算力资源）理念的基础上，率先提出"服务云"（弹性按需使用服务资源）的概念，并创建"服务资源云化＋平台集中管控＋分布式敏捷交付"的新型服务与交付模式，打造了业内领先的全时、全域、全栈的分布式敏捷交付体系——"神行云"。在创新IT运维模式的同时，神州光大也成为国内领先的平台型ICT与IoT资产综合服务商。2021年国内平台型IT运维服务市场规模约为9.7亿元，神州光大市场占有率超过12%，处在国内细分市场前列。

目前，神行云已聚集12万多位工程师，服务体系覆盖420多个市区（全国全部地级市及部分区县），140多个备件库，2万多个客户网点，48万多台设备，1.6万多种主流型号，900多家主流厂商，300多种主流技术，50多个细分场景。

2. 数字化转型现状

神州光大的数字化转型主要体现在以下几个方面。

一是自研数字化服务业务运营管理支撑系统（Service BOSS）。该系统在资源层搭建了ITRM模块，可以实现工程师、供应商等十个方面的数字化管理；在服务层搭建了ITOM模块，可以实现RPA流程、网络、主机等六个方面的数字化管理，类似的数字化管理模块还包括ITSD、ITSM、ITBM等。在此基础上率先创建国内最大的全时全域全栈服务网络，汇聚12万多位工程师，服务体系覆盖全国全部地级市及部分区县。

二是在自身研发团队、海量工单、12万多位工程师画像数据的基础上，联手中国科学院的全球顶级算力和AI团队，率先研发

IT业内领先的垂直行业大模型——"IT运维大脑"以及大量智能运维工具，为IT行业及信创人才培养和职业教育赋能。

三是自研大量智能运维工具和管理系统，主要包括神行云服务交付管理系统、神行云RPAOps混合云运维管理系统、神行云服务目录与报价管理系统、神行云供应商采购管理系统、神行云软件开发外包和测试管理系统、神行云备品备件管理系统等，同时采用了企业经营管理系统（U8C）、企业客户关系管理系统（销帮帮）等先进管理系统，已经构建了较为完备的业务运营软件支撑体系，并持续进行迭代和优化。

神州光大作为IT运维企业，在数字化转型中使用的技术和产品主要包括以下内容。

云服务和云环境：利用云平台来提供弹性计算、存储和网络资源，从而提高效率和灵活性。

自动化和智能化运维：利用人工智能、机器学习、自然语言处理等技术来实现自动化运维和智能化运维，提高运维效率和服务质量。

网络安全：为保证客户系统的安全性，网络安全技术和产品是不可或缺的，包括网络安全咨询、防火墙、入侵检测和防御、数据加密和身份认证等。

3. 数字化转型主要成效

数字化转型的成效可以从如下三方面进行衡量。

业务效率提升：在业务流程自动化、数据共享、实时协同等方面业务效率的变化。

客户满意度提升：数字化转型可以带来更高效、更准确的服务，即客户满意度的变化。

成本降低：硬件和软件成本的变化，以及利用率的高低。

从实际成效看，数字化转型帮助神州光大解决了许多实际问题，其中包括：提高运维效率，通过自动化和智能化运维，减少了人力投入，提高了运维效率；提高服务质量，通过数字化转型，可以提供更高效、更准确的服务，提高客户满意度；降低成本，通过云服务和虚拟化技术，可以降低硬件和软件成本，提高资源利用率。

第8节 主要结论

本章基于567家北京市中小企业的问卷调研数据，结合企业数字化转型典型案例，从数字化转型现状、资源投入、转型成效、面临问题等方面分析了中小企业数字化转型的现状和问题。本章的调研表明：

从转型驱动因素来看，目前大部分中小企业已经具备数字化转型的意识，中小企业具有较强的数字化转型动力，做大做强企业的愿望、产品技术升级换代、成本负担上升和政策支持引导是驱动中小企业数字化转型的重要因素。

从转型程度来看，中小企业数字化转型开展领域广泛，目前主要围绕管理、产品、研发、生产、营销等方向进行，管理的数字化普及率比较高，但是核心业务数字化转型不足，说明很多中小企业还处于数字化转型的初级阶段，数字化转型深度有待提升。

从资源投入来看，中小企业数字化转型的资源保障机构已经初步建立，不少中小企业设置了一级的数字化转型部门，从组织层面统筹推进数字化转型。受到自身资源约束，尽管不少中小企业设置了独立的数字化部门，但是从事数字化的专职人员数量相对较少，数字化资金投入不足。前期中小企业数字化投资金额有限，四成以上的企业近3年投资金额小于100万元，主要投资在软件、运维和研发等数字化技术领域。从发展趋势来看，中小企业数字化转型投资从数字技术领域逐渐向组织战略变革转变，未来中小企业会加强数字人才引进培训和数字产品开发等领域的投资。

从转型成效来看，数字化转型在驱动中小企业提高效率和研发能力提升方面发挥出一定的作用，但是在提升收入和降低成本方面的成效还不明显，目前还有不少中小企业数字化转型综合成效不明显，数字化转型的价值难以评估，一定程度上影响了中小企业数字化转型积极性。

从转型障碍来看，中小企业数字化转型主要面临资金缺乏、人才缺乏、数据安全、转型标杆和经验缺乏、适配的方案和技术不足、数字化转型价值难评估、数字技术和业务融合困难等现实问题。归纳起来，中小企业数字化转型面临的障碍既有技术因素，也有环境因素和组织因素。相对于非制造业，制造业中小企业数字化转型总体成效更为显著。与此同时，制造业中小企业由于业务流程的复杂性，数字化转型投入的资金更高，面临的困难也更多。

从企业来看，专精特新中小企业对数字化转型的重视程度、投入人员和投入资金明显高于普通中小企业，但是在转型过程中专精特新中小企业同样面临着资金和人才约束、技术方案缺乏、转型路径不清晰和转型成效难评估的问题。

从企业实践案例来看，由于行业特点和需求差异，不同行业专精特新中小企业数字化转型关注重点有所不同。制造业中小企业侧重于建设数字化车间和智能工厂提升生产效率，服务型中小企业重视云计算等数字基础设施建设，通过数字化平台优化服务模式，改进服务效率和提升客户体验。

本章主要参考文献

[1] 北京市中小企业服务中心、北京国融工发投资管理有限公司. 北京市专精特新企业发展报告（2023）[M]. 北京：经济管理出版社，2024.

第4章
北京市专精特新中小企业数字化转型路径研究

第1节 研究背景

党和国家高度重视专精特新企业的发展和数字化转型。习近平总书记多次做出重要指示，强调"加快培育一批'专精特新'企业和制造业单项冠军企业""把握数字化、网络化、智能化方向，推动制造业、服务业、农业等产业数字化"。党的二十大报告提出，要"支持专精特新企业发展，推动制造业高端化、智能化、绿色化发展"。2024年政府工作报告指出，"促进中小企业专精特新发展""深入开展中小企业数字化赋能专项行动"。专精特新制造业企业是落实国家创新驱动发展战略、制造强国战略和数字中国战略的重要构成部分。"专精特新"代表了中小企业高质量发展的方向，数字化转型可以有效提升专精特新企业创新绩效（郭彤梅等，2023）、市场价值（张远记和韩存，2023）和组织韧性（曹钰华等，2023）。当前中国经济面临的需求收缩、供给冲击、预期转弱三重压力对企业高质量发展产生了强烈的倒逼效应，而新兴数字技术的迅猛发展推动生产方式发生转变，成为专精特新企业解决生存和发展问题的必然选择（刘淑春和金洁，2023）。

现有研究主要关注企业数字化转型的影响因素和对企业绩效的影响，较少关注数字化转型的过程和路径。与大型企业相比，由于基础薄弱和资源不足限制，大多数专精特新企业还处于数字化转型探索阶段，数字化转型程度低（余澳等，2023；鲁金萍，2023）。与普通中小企业相比，专精特新中小企业数字化程度虽然整体上高于普通中小企业，数字化转型意愿强，但是由于行业垂直度高、需求差异性大、研发投入高等原因，在数字化转型过程中面临着认识不足、投入大、风险高、转型能力缺乏等难题（刘淑春和金洁，2023；朱小艳，2023）。企业对数字化转型缺乏清晰的战略认知和行之有效的推进路径，导致不少企业陷入了"不会转和不善转"的困境中，这制约了专精特新企业的数字化转型速度，也影响了经济高质量发展（王永贵等，2023）。

制造业在专精特新企业中处于核心地位，专精特新制造业企业是落实国家创新驱动发展战略、制造强国战略和数字中国战略的重要构成部分。在全国专精特新"小巨人"企业集中的十大行业中，高达九个属于制造业领域，而1.2万家专精特新"小巨人"企业中超过1万家的"小巨人"企业也属于制造业企业。北京市专精特新企业中，制造业企业占比超过20%，其中规上专精特新企业中，制造业企业占比接近30%，国家级专精特新"小巨人"企业中，超过四成来自制造业。2024年5月，国务院常务会议审议通过《制造业数字化转型行动方案》，为系统推进制造业数字化转型明确了工作目标和实施路径。专精特新制造业企业作为经济高质量发展的重要力量，如何开展数字化转型仍然是亟须解决的难题。专精特新制造业企业作为中小企业数字化转型的排头兵，发挥着重要引领示范作用，归纳专精特新制造业企业数字化转型的路径，对于加快推进中小企业和制造业数字化转型均具有重要的现实意义和理论价值。

针对以上问题，本文使用扎根理论的方法，基于对29家北京市专精特新制造业企业数字化转型的访谈资料，提炼归纳出专精特新制造业企业数字化转型的路径，为中小企业和制造业企业深入推进数字化转型提供理论框架和参考步骤。

第 2 节　文献回顾

专精特新制造业企业兼具中小企业和制造业企业特征，围绕研究问题与重点，本章主要从专精特新企业数字化转型、中小企业数字化转型路径、制造业企业数字化转型三个方面对相关文献进行回顾。

一、专精特新企业数字化转型研究

专精特新中小企业是指具备专业化、精细化、特色化、新颖化特征的中小企业。工业和信息化部2022年提出"十四五"期间在全国培育10万家专精特新中小企业和1万家专精特新"小巨人"企业的目标。随着国家对专精特新中小企业的重视，越来多的学者开始关注专精特新企业数字化转型问题,已有研究主要关注专精特新企业数字化转型的影响因素。

专精特新企业数字化转型受到技术、组织和环境因素的共同影响(宋扬和范柏乃,2023),专精特新中小企业则面临着专业性数字技术应用、短期转型效果不明显、数字化人才短缺等问题(何瑛,2023),容易陷入数字化转型的两难困境,"不转"会丧失市场竞争力,"转"则面临投入高、见效慢和风险大等难题(刘淑春和金洁,2023)。朱小艳(2023)认为,专精特新企业面临转型意愿增强但转型能力不足、基础设施改善但技术环境欠佳、合作意识增强但协同水平不高、政策支持增强但精度亟待提高等制约因素。余澳等(2023)通过调查发现,数字设备更新与应用相对落后、数字化战略顶层设计不全面、管理层重视程度不够、线上与线下营销融合不充分等是制约专精特新企业数字化转型的主要因素。汝绪伟等(2023)认为,专精特新企业数字化转型存在认知参差不齐、数字化转型关键技术支撑存在短板、转型全链条贯通不够、数字化人才短缺等挑战,并提出提高企业家数字化转型认知水平、工业互联网平台数字赋能、产业链产业集群数字化转型、数字化创新人才培养引进、差异化政策支持等推进路径和策略。

二、中小企业数字化转型路径研究

专精特新企业是从大量中小企业中脱颖而出的具有创新底蕴和科技实力的优质企业,中小企业数字化转型的路径对专精特新企业数字化具有很强的借鉴价值。对于中小企业数字化转型路径,已有研究主要从转型阶段和推进路径视角开展。

从转型阶段视角来看，史宇鹏和王阳（2024）认为，中小企业数字化转型包括设备和业务数字化、数据资产化、管理决策数字化三个阶段；Li（2018）等构建了管理认知革新、管理社会资本开发、团队构建和组织能力构建的中小企业数字化转型过程模型。从推进路径而言，吴江等（2024）认为，应从培养动态管理能力、运用轻体量数字平台、提升组织使用信息技术能力、完善数据文化及管理实践、获得政府外部帮扶及支持等方面推动中小企业数字化转型；张夏恒（2020）从政府部门引导、数字核心技术突破以及打通产业链条等方面总结了推进中小企业数字化转型的路径；王柏村等（2023）通过案例研究，按照"点—线—面—体"的逻辑，归纳提出了中小企业数字化转型的四类基本路径，即点上突破、链主带动、平台赋能、园区推动；牛璐等（2024）从业务环节视角将中小企业数字化转型路径分为财务数字化、人力数字化、行政数字化、营销数字化、采购数字化、生产数字化和研发数字化七种。

三、制造业企业数字化转型研究

制造业是我国专精特新企业培育中的重要主体，作为我国重要经济支撑，其数字化转型研究主要从转型步骤和影响因素等视角展开。

从转型阶段和步骤看，Garzoni等（2020）针对意大利中小制造企业的特点，提出了数字化意识、数字化咨询、数字化合作、数字化转型四个层次的数字化转型步骤和路线；娄淑珍等（2023）通过案例研究提出中小制造企业的数字化转型需数据可视、高效互联与智能运维三个阶段；武常岐等（2022）从组织变革视角将制造业企业数字化转型分为试点期、拓展期和整合期三个阶段。武立东等（2024）等从数字化转型战略、数字技术应用、企业业绩表现和所需资源与能力四个维度，将制造业数字化转型划分为转型启动、转型成长和转型成熟三个阶段：在转型启动阶段，初步提出数字化战略目标和整体规划；在转型成长阶段，利用数字技术提升业务流程效率和管理效率等，提出具体的数字化业务战略；在转型成熟阶段，将数字化技术覆盖公司运营环节，实现整体业务流程的数字化。

从技术应用来看，Battistoni等（2023）强调了不同技术在中小企业数字化转型中所发挥的作用，提出了中小制造企业数字化转型的四个层次实施路径，即传感器、集成、智能和响应；蔡呈伟和戚聿东（2021）从工业互联网视角出发，认为制造业企业数字化转型需要经历生产数据化、产业链平台化和产品服务化三个阶段。

从影响因素来看，陈玲等（2024）认为制造企业数字化转型会受到技术、组织和环境三个层面多种因素的影响，包括战略规划型、潜力发挥型和禀赋优越型三种转型路径；刘志彪和徐天舒（2023）认为制造业的数字化转型面临"集成陷阱"和"中小企业困境"两大实施障碍；李煜华等（2022）研究发现先进制造业数字化转型路径受到技术、组织和环境多重因素的影响，其中数字技术跃迁、管理模式变革是核心条件；林艳和张欣婧（2022）研究发现企业家精神是影响制造业企业数字化转型启动和实施的重要因素。

四、研究评述

近年来国内外学者对中小企业和制造业数字化转型的研究不断拓展，为本书的研究奠定了基础。目前关于数字化转型路径研究的样本大多为制造业企业或中小型企业，主要从影响因素、转型阶段与过程分别开展研究，一方面缺少对每一阶段重点和难点内容的针对性分析，另一方面专门聚焦专精特新中小企业数字化转型路径的文献还不丰富（余澳等，2023），尤其是对专精特新制造业中小企业数字化转型不同阶段对应的重点和难点仍缺乏系统研究。专精特新企业对解决我国关键核心技术"卡脖子"问题和强化产业链韧性具有重要意义，但现有文献仍停留在实践观察、经验梳理和碎片化研究阶段，亟待从理论层面对其进行系统梳理（曾宪聚等，2024）。

鉴于此，本章基于北京市29家专精特新制造业企业数字化转型的调研资料，通过扎根理论方法归纳专精特新制造业企业数字化转型的路径以及对应的难点问题，从而为推动专精特新中小企业数字化转型提供理论参考。

第3节 研究设计

一、研究方法

本研究聚焦于探究专精特新制造业企业数字化转型的路径，

这属于探索性研究，因此适合采用自下而上进行理论建构的扎根理论方法，通过分析复杂文本资料间的内在联系，厘清各阶段的内容，形成理论模型。本章使用了Nvivo14.0对访谈文本进行处理，得到了词频较多的关键词，再根据扎根理论的原则进行了程序性编码，对访谈文本资料进行了开放式编码、主轴编码和选择性编码，并且预留了2家企业作为理论饱和度的检验。

二、样本选择

确定案例企业需要考察制造业企业的典型性、研究资料的可获取性、行业属性等方面，尽可能选取具有代表性和不同行业属性的案例企业。本章遵循理论抽样的原则，选取了29家北京市专精特新企业。本章确定案例企业有以下几个标准：第一，遵循典型性要求，本研究选取的样本均为专精特新企业，开展了数字化转型，对其他企业有较强的借鉴意义；第二，样本企业都属于专精特新制造业，但是所属的细分行业不同，分布于汽车制造、设备制造、生物医药制造、机械制造等不同行业，既符合本研究的主题，又有一定的覆盖面，涵盖了不同行业制造业数字化转型；第三，考虑数据可得性，研究团队与样本企业建立了联系，能够对其进行访谈调研，并获得相关内部资料。

三、数据收集

本次数据收集主要分为两个过程。首先，对北京市专精特新企业发放问卷，对其数字化转型情况进行调研，涉及多个行业，样本来源多样，调研时间为2023年5—6月，收回有效问卷141

份。其次，根据问卷调研结果，选取其中开展了数字化转型并取得了一定成效的优质企业进行实地调研和访谈，最终确定 29 家专精特新制造业企业作为研究样本，访谈时间为 2023 年 6—7 月，访谈对象主要为企业信息化主管和 CEO 等，每家企业访谈时间都在 1 个小时以上，样本企业基本信息如表 4-1 所示。

表 4-1 样本企业描述性统计信息

员工人数	数量	占比	成立年限	数量	占比
50 人及以下	4	13.8%	15 年以下	4	13.8%
51~200 人	9	31.0%	16~20 年	6	20.7%
201~500 人	10	34.5%	21~25 年	13	44.8%
501~1000 人	4	13.8%	26 年以上	6	20.7%
1000 人以上	2	6.9%	所属行业	数量	占比
企业称号	数量	占比	汽车制造业	2	6.9%
高新技术企业	27	93.1%	设备制造业	9	31.0%
专精特新中小企业	19	65.5%	化学品制造业	2	6.9%
专精特新小巨人企业	10	34.5%	机械制造业	4	13.8%
瞪羚企业	15	51.7%	医药制造业	8	27.6%
企业技术中心	14	48.3%	其他制造业	4	13.8%

具体的访谈问题包括"请企业简要介绍基本情况和数字化转型发展情况""企业当前数字化转型中主要使用什么技术和产品""企业数字化转型分为几个阶段、不同阶段的转型内容是什么""企业数字化转型的难点和痛点是什么""所处行业的中小企业在不同发展阶段的数字化转型需求是什么"等。除了一手调研数据，还补充收集了企业内部、网络和报刊上与样本企业数字化转型相关的资料，通过多种来源信息进一步佐证访谈资料的准确性。

为了保证编码工作的合理性和严谨性，在数据分析阶段，由3位研究人员分别对访谈数据和相关资料进行编码，3位研究人员都认可的编码予以保留，对只有1位和2位研究人员认可的编码采取小组讨论的方式，若取得一致则予以保留，否则予以删除。

第4节 研究过程

编码是指对收集到的资料进行解码、提炼并将其概念化和范畴化。本章编码过程使用了Nvivo14.0进行辅助，研究过程中遵循扎根理论的编码原则，围绕专精特新制造业企业数字化转型路径这一主题进行。

一、开放式编码

开放式编码就是要将收集到的资料进行概念化，本质上将分散的原始资料进行提炼，根据扎根理论的原则，最终归纳出范畴。本章使用Nvivo14.0对收集到的案例资料进行逐字逐句编码和概念化处理，在此基础上，对概念进行分析、比较、归类，并进行范畴化处理，最终得到管理者观念更新、数字化转型宣贯、明确转型方向、制定转型路线等58个副范畴，开放式编码获取的部分初始资料和初始范畴如表4-2所示。

表 4-2 部分开放式编码实例

编码	范畴化	初始资料
A1	管理者观念更新	a1 管理者开始形成数字化转型意识
		a2 需要提升企业的数字化转型意识
		a3 思想意识的转变
A2	数字化转型宣贯	a4 不断开展数字化转型宣贯，调动领导层甚至是全公司的数字化转型热情
		a5 发挥组织每个数字化个体人才的创造力和创新力
A3	明确转型方向	a6 思考转型战略，明确转型方向，着手转型的准备工作
		a7 明确公司转型方向
		a8 围绕自身企业发展愿景，梳理数字化转型方向
A4	制定转型路线	a9 对于未来发展具有明确的规划，能够按照步骤推进
		a10 明确自己的战略规划，制定清晰的数字化转型路线图
A5	制定数字化战略	a11 企业对实施数字化转型有了初步规划并开始实践
		a12 要有统一的规划，从合规和战略的层面出发，通盘考虑业务、运营、人才、技术等各方面
		a13 一定要结合公司的 5 年战略目标
……	……	……

二、主轴编码

对开放式编码所得到的 58 个副范畴进一步分析，得到数字化认知更新、数字化战略规划、数字化基础设施建设、数字化方案选择、业务流程改造等 17 个主范畴，如表 4-3 所示。

表 4-3 主轴编码结果

编码	主范畴	副范畴	范畴内涵
B1	数字化认知更新	A1 管理者观念更新	管理者更新观念，进行数字化理念宣传和氛围营造
		A2 数字化转型宣贯	

续表

编码	主范畴	副范畴	范畴内涵
B2	数字化战略规划	A3 明确转型方向 A4 制定转型路线 A5 制定数字化战略	进行战略规划，明确转型方向，设计转型路线，制定数字化战略
B3	资源投入保障	A6 数字化人才建设 A7 数字化资金投入 A8 政府支持获取 A9 资源持续投入	企业数字化转型需资金和人才投入。获取政府支持，保障数字化转型顺利进行
B4	数字化基础设施建设	A10 硬件设备购买 A11 硬件设备改造 A12 基础设施搭建 A13 数据安全防护	数字化转型需要数字基础设施支撑。企业通过购买、改造或搭建完善硬件及安全等数字基础设施
B5	数字化方案选择	A14 数字化系统部署 A15 数字化服务商选择 A16 数字化方案定制 A17 数字化产品供给模式创新	企业查询并选择合适的数字化方案，购买标准化系统或者根据需求进行定制开发
B6	业务流程改造	A13 业务流程梳理 A14 业务流程优化 A15 基础数据数字化 A16 业务部门协同	对业务流程进行数字化改造，包括流程梳理、优化及基础数据的数字化，过程中需要业务部门的配合和协同
B7	数据互联互通	A17 企业数据平台建设 A18 数据管理系统建立 A19 信息系统集成 A20 设备数据联通 A21 系统数据共享	搭建数据平台和数据系统，通过系统集成实现不同系统数据的联通和共享
B8	管理数字化	A25 数字化办公 A26 组织架构调整 A27 智能办公系统	企业办公、财务、人事等内部管理的数字化，推动内部业务协同和组织架构调整
B9	供应链数字化	A28 供应链系统应用 A29 供应链数字化管理	整合供应链各个环节，实现供应链数字化管理
B10	生产数字化	A30 数据驱动生产 A31 数字化生产线 A32 数字化车间 A33 建设智能工厂	通过数字化生产线、数字化车间或智能工厂建设，实现生产制造的数字化和可视化，提升效率，降低成本

续表

编码	主范畴	副范畴	范畴内涵
B11	产品数字化	A34 数字产品创新 A35 根据客户需求改造产品	以数据和客户需求驱动产品创新和生产，以产出高质量和定制化的产品
B12	营销数字化	A36 产品线上销售 A37 电商平台营销	利用数字化工具和电商平台实现精准营销和线上销售
B13	产业链数字化	A38 跨行业数据平台 A39 开放式创新系统 A40 产业链数字化升级	整合内外部资源，搭建跨行业数据平台和开放创新系统，带动产业链数字化升级
B14	资源要素不足	A41 数字化人才缺乏 A42 数字知识储备不足 A44 数字化投入成本高 A45 数字化运维成本高 A46 人员培训成本高	数字化转型战略的推进需人力和资金的投入。数字化人才的缺乏和资金的不足制约了中小企业数字化转型的意愿
B15	数据集成困难	A47 数据采集困难 A48 技术基础薄弱 A48 数据孤岛问题 A49 系统集成困难	企业数据采集和分析能力弱，存在数据孤岛和数据集成难题
B16	适配技术方案缺乏	A52 方案定制困难 A53 方案定制化成本高 A54 适配系统缺乏	企业生产环节多，业务流程复杂，市场上缺乏合适的方案，需要个性化定制，但定制成本过高
B17	管理模式变革	A55 技术业务融合困难 A56 业务流程变革阻力 A57 管理模式变革 A58 新模式适应过渡	业务流程和管理模式变革面临阻力，对新模式和新流程，企业需要适应的过程

三、选择性编码

本章在扎根理论的前两步，通过对不同范畴的分析比较，结合相关文献研究，在开放式编码和主轴编码中得到了58个副范畴，再根据这58个副范畴之间的逻辑关系，最终得到了17个主范畴（用B+序号表示）。贯穿17个主范畴之间的故事线是专精特新企业数字化转型的主要阶段，即数字化战略启动、数字化平台建设、局部数字化、全局数字化四个阶段，企业在每个阶段面临着不同的重点工作和难点问题。基于此，本章构建了一个包括阶段、重点和难点三个核心范畴的理论模型，如图4-1所示。对于数字化转型的每个阶段，该模型涵盖了一些重点内容和难点问题，数字化战略启动阶段主要面临人才和资金等资源要素难点，数字化平台建设阶段主要面临技术供需不匹配难点，局部数字化阶段主要面临管理模式变革难点，全局数字化阶段主要面临数据集成难点。管理人员和企业家可以使用这些要素来评估推进数字化转型过程中的关键工作内容，根据企业所处阶段和实际情况选择适合的转型路径。

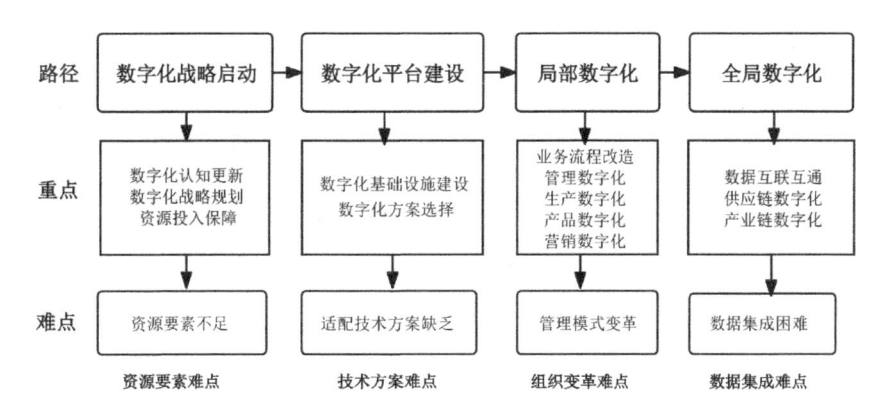

路径	数字化战略启动	数字化平台建设	局部数字化	全局数字化
重点	数字化认知更新 数字化战略规划 资源投入保障	数字化基础设施建设 数字化方案选择	业务流程改造 管理数字化 生产数字化 产品数字化 营销数字化	数据互联互通 供应链数字化 产业链数字化
难点	资源要素不足	适配技术方案缺乏	管理模式变革	数据集成困难
	资源要素难点	技术方案难点	组织变革难点	数据集成难点

图4-1 专精特新制造业企业数字化转型路径理论模型

四、理论饱和度检验

新的数据不能再继续产生新的概念或范畴，也不能解释范畴新的属性时，就认为是达到了理论饱和。本研究预留了2个案例资料进行了饱和度检验,通过对这 2 个预留案例的研究,进行扎根分析比较后,没有发现新的内容,认为该模型达到理论饱和。

第 5 节 研究结论与启示

一、研究结论

本研究使用扎根理论,根据北京市 29 家专精特新制造业企业数字化转型访谈资料的文本内容进行分析,构建了"阶段—重点—难点"的转型路径理论模型。本研究的结论主要有以下几个方面。

1. 专精特新制造业企业数字化转型阶段

专精特新制造业企业数字化转型路径包括数字化战略启动、数字化平台建设、局部数字化、全局数字化四个阶段。数字化战略启动阶段,主要是更新观念,明确数字化转型的方向和战略,做好资源投入保障;数字化平台建设阶段,主要是完善数字化转型硬件和安全基础设施建设,选择合适的数字技术和解决方案;局部数字化阶段,主要是进行业务流程梳理和优化,逐步将数字化技术融入管理、生产、营销等业务环节,促进管理模式变革;全局数字化阶段,主要是进行数据互联互通和系统集成,实现全流程的数字化,搭建跨行业数据平台,打通价值链、供应链和产业链,促进产业链和供应链的数字化升级。

2. 企业数字化转型不同阶段的重点和难点

（1）数字化战略启动阶段

在这个阶段，重点是更新数字化认知，管理者需要更新观念，在企业内进行数字化转型的宣传，树立数字化转型的意识，创造出有利于数字化转型的氛围和环境。在此基础上，企业需要制定具体的数字化转型的战略规划，明确企业数字化转型目标、方向和路线。为了保障数字化转型战略的推进，企业需要重点在数字化人才和资金方面进行投入，获取政府政策支持，并做好资源持续投入的准备。与林艳和张欣婧（2022）以及Li等（2018）的研究结论吻合，本研究也表明管理者观念更新对专精特新中小企业启动数字化转型战略非常重要。

这一阶段面临的难点主要是企业缺乏人才和资金等转型关键要素的支撑。从资金要素来看，数字化转型投入资金高，投入周期长，转型成效见效慢，不仅包括一次性投入，还包括运维成本、人员培训成本等，高成本制约了专精特新企业数字化转型的意愿。从人才要素来看，数字化转型战略的推进需要既懂技术又懂业务的复合型人才，中小企业数字化人才匮乏，内部缺乏数字化人才培养体系，员工数字化知识储备不足，缺乏对数字化技术的了解，对数字化转型的重要性认识不足，无法掌握、运用和评估数字化转型所需的技术和工具，制约了数字化转型战略的落地。

（2）数字化平台建设阶段

在这个阶段，重点是建设数字化转型所需的技术基础设施，包括硬件、软件、网络设备和安全体系等，购买或定制数字化解决方案，选定适合企业的数字技术和平台，确保方案的可行性。

值得注意的是，专精特新制造业企业不少是涉及"卡脖子"的领域，数据是企业核心资产，专精特新企业相对普通中小企业对数据安全的要求更高，在数字化转型过程中专精特新企业尤其要重视数据安全防护体系的建设。数字化方案选择是指企业选择合适的数字化服务商和解决方案，进行软件和系统选型，除了标准化的产品，更多的企业需要结合自身需求进行数字化方案的定制。

这一阶段面临的难点主要是缺少适配的解决方案，企业面临需求个性化和方案通用性之间的矛盾，难以找到合适的技术方案。一方面，专精特新制造业企业生产环节多，业务流程复杂度高，数字化转型过程中的流程设计和管理存在大量的特殊需求，企业定制化需求比较高，而市场上服务商提供的多数是通用性解决方案，难以满足企业需求，而专用性改造会增加额外的费用；另一方面，市场上数字化供应商和产品众多，由于数字化知识和经验储备不足，如何选择适合自身的技术方案对企业也构成了一个挑战。

（3）局部数字化阶段

在这个阶段，重点是对业务流程进行梳理、优化和数字化改造，从单个业务环节或局部突破，逐渐扩展，将数字化技术逐渐融入企业管理、营销、产品创新和生产制造等业务环节中，变革管理模式、营销模式、产品设计模式和生产方式，逐步实现价值链的延伸和提升，实现数字化转型成效。对于制造业而言，可以通过数字化生产线、数字化车间或智能工厂建设实现生产制造的数字化和可视化，以数据和客户需求驱动产品创新和生产，以产出高质量和定制化的产品，促进企业市场竞争力的提升。

这一阶段面临的难点主要是管理模式的变革。数字技术融入不同业务环节的过程，会带来管理模式、人员结构、生产组织、设备改造升级等方面的一系列问题，企业业务流程重塑可能会面临阻力，比如员工的抵触情绪、对新技术的不信任等，从而影响转型的进程。在打破组织惯性的过程中，企业和员工需要适应的过程，也会付出一定的学习成本和管理成本，如何实现企业业务转型的良好过渡、全面适应新的运营模式，是企业面临的重要挑战。

（4）全局数字化阶段

在这个阶段，重点是通过系统集成，实现不同部门和不同业务环节数据的互联互通，打破数据孤岛，以数据驱动实现企业内各业务环节的高效协同，从局部数字化逐步实现全流程的数字化，实现数字化的管理和决策。在此基础上，进一步建立跨行业的企业共融共通数字化平台，加强多元主体跨界合作，实现企业产品和服务的延伸，带动产业链和供应链的数字化升级。

这一阶段面临的难点主要是数据集成问题。一方面，许多中小企业存在非结构化的数据和信息孤岛，在各种独立的系统和文件中，数据存储难以整合和利用，中小企业数据分析水平很难满足数字化需求，企业难以实现有效的数据驱动决策；另一方面，不同的数字化系统之间相互独立，要实现信息共享和业务协作需要进行系统集成，对于专精特新制造业企业而言，很多高端制造装备是从国外进口，而这些进口设备的数据接口和数据格式有自己的标准，封闭性比较强，系统集成面临数据不兼容、技术难度高和成本高等问题；此外，实现产业链和供应链的数字化，需要整合产业链和供应链不同企业的数据，企业开放数据接口也面临着安全等顾虑。

二、理论贡献

首先，本研究丰富了专精特新制造业企业这一群体数字化转型过程的研究。有关企业数字化转型的研究，已有较多的学者研究制造业或中小企业数字化转型的影响因素、存在的问题以及数字化转型成效等，聚焦专精特新制造业企业数字化转型过程的研究较少且未成体系。本研究基于29家专精特新制造业企业数字化转型的访谈资料，根据扎根理论，归纳出专精特新制造业企业数字化转型的路径，将中小企业和制造业数字化转型研究拓展到专精特新企业这一情景，加深了对专精特新企业数字化转型过程的理解和认识。

其次，本研究从"阶段—重点—难点"这一视角揭示了专精特新制造业企业数字化转型的路径。本研究发现专精特新制造业企业数字化转型过程主要包括数字化战略启动、数字化平台建设、局部数字化、全局数字化四个阶段，对应着资源要素难点、技术方案难点、组织变革难点和数据集成难点。相对于以往对转型阶段和路径的描述性分析，本研究不仅包括数字化转型的阶段，还包括每一阶段的重点和难点，通过将转型不同阶段和对应的重点和难点工作进行关联，本章提出的理论模型更为清晰全面地描述了专精特新制造业企业数字化转型的路径，得出的理论框架更加体系化。本章的研究结果可为我国专精特新企业、中小企业和制造业企业推进数字化转型提供一个系统的分析框架。

最后，本章采用基于扎根理论的研究方法，以北京市29家专精特新制造业企业为案例进行了质性研究，可为中小企业数字化转型过程研究提供方法论的启示。现有企业数字化转型文献以描述性分析和定量研究为主，质性研究相对缺乏。由于企业数字化转型是一个动态的过程，难以应用量化的方法展开研究。本章采用扎根理论的方法，对收集到的案例企业资料进行编码处理，对概念进行分析、比较、归类，并进一步进行范畴化处理，根据主范畴之间的关系，得出专精特新制造业企业数字化转型路径，可以为后续相关研究提供方法参考。

三、实践启示

本章的研究结果源自专精特新企业的实践，企业可以使用本章的理论框架评估数字化转型不同阶段关键内容；本章研究结果可以为北京市专精特新企业、制造业企业和中小企业开展数字化转型提供借鉴，为政府制定专精特新企业数字化转型支持政策提供参考。

1. 对企业的启示

专精特新企业应做好数字化转型战略规划，循序渐进地分阶段推进数字化转型。企业应认识到数字化转型是一个长期的系统工程，持续时间长。企业应根据自身需求和发展阶段制定合理的数字化转型战略，把握好数字化转型的进程和方向，根据所处的转型阶段，结合企业实际情况制定相应的策略，对每一阶段的重点和难点做好预判和针对性的解决方案。

专精特新企业应重视数字化转型过程中的人才和资金等资源

要素保障。对于数字化人才缺少难题，一方面，企业应加强员工数字化知识和技能的培训，在内部建立数字化专业人才和复合型人才的培训和培养体系，做好人才储备；另一方面，企业要善于利用公共服务资源，引入或利用专家顾问等外部数字化人才，解决人才和数字化知识储备不足的问题。对于资金难题，一方面，企业应根据实际情况出发选择适合企业的系统，不要贪大求全，采用可负担、轻量化和方便快捷的产品和服务快速启动数字化战略，减低数字化转型资金投入；另一方面，企业应积极获取政府支持，通过申请专项补贴、获得低息贷款等多种方式获得数字化转型的资金。

对于适配方案缺乏这一供需不匹配难题，专精特新企业应增强对市场上数字化技术和应用的了解，走访调研实际应用的成功案例，评估并选择适合自身的数字化转型技术和方案。数字化服务商应创新数字化产品供给模式，为专精特新中小企业提供可负担、轻量化和方便快捷的产品和服务，结合自身优势，针对细分行业推出"通用模块＋个性定制"的数字化产品，提供贴近专精特新企业业务场景和需求的解决方案。

对于管理模式变革这一难点，专精特新企业需要加强跨部门协同和沟通，通过高层管理者的推动和支持进行自上而下的变革，减少转型过程中可能遇到的阻力。通过培训和组织文化建设等手段，提高员工对数字技术的认知和使用能力，缩短员工适应新模式和新流程的过程，顺利实现企业业务流程和管理模式的过渡，促进数字技术与企业业务的深度融合，获得数字化转型的成效。

对于数据集成这一难点，对内企业应加强数据战略规划，增强数据采集、分析、利用和管理能力，统一数据接口，通过整合不同部门和系统间的数据，消除"数据孤岛"，提高数据的可用性和数据分析能力，通过全流程数据，提高决策质量；对外，企业应加强与产业链和供应链企业的合作，推动产业链和供应链数据共享，构建数字化生态系统。

2. 对政府的启示

面对数字化转型不同阶段的难点问题，政府应制定相应的支持政策，在企业数字化转型不同阶段给予不同的支持。

在数字化战略启动阶段，许多企业在数字化领域缺乏人才、专业知识和技能，无法有效推进数字化转型工作。政府可以构建企业数字化公共服务体系，提供专家咨询、转型诊断、管理者培训和标杆企业参访等服务，组织各种交流活动，营造良好的转型氛围和环境，降低数字化转型过程中的盲目性和不确定性，帮助企业明晰转型目标和方向。

在数字化平台建设阶段，企业需要比较多的资金支出并面临系统选型的问题，政府应丰富数字化转型资源池，加强数字化产品供给体系建设，加大培育面向专精特新企业数字化转型的产品，重点组织数字化转型服务供需对接。政府可以提供资金补贴和税收优惠等，降低企业数字化转型成本。

在局部数字化阶段，企业可能会存在数字技术与业务融合不畅或者转型效果不达预期的情况。对此，政府可以重点提供诊断服务和专家指导，帮助企业纠正偏差，并与战略启动阶段的咨询指导形成政策闭环，帮助企业提高数字化转型的成效。

针对全局数字化阶段的问题，政府应进一步完善数据获取和使用的相关政策，保障数据的合法采集和利用，加强数据标准建设，促进不同数据的联通和兼容。

本章主要参考文献

[1] 郭彤梅，李倩云，张玥，等. 专精特新企业数字化转型与创新绩效的关系研究 [J]. 技术经济，2023，42（5）：68-78.

[2] 张远记，韩存. 企业数字化转型、技术创新与市场价值——来自"专精特新"上市企业的经验证据 [J]. 统计与决策，2023，39（14）：163-167.

[3] 曹钰华，张延莉，石蓉荣，等. 数字化转型驱动的专精特新"小巨人"组织韧性前因组态研究——基于上市企业年报文本挖掘的fsQCA分析 [J]. 外国经济与管理，2023，45（10）：68-83.

[4] 刘淑春，金洁. 数字化重塑专精特新企业价值创造力——理论、机理、模式及路径 [J]. 财经问题研究，2023（11）：3-14.

[5] 余澳，张羽丰，刘勇. "专精特新"中小企业数字化转型关键影响因素识别研究——基于1625家"专精特新"中小企业的调查 [J]. 经济纵横，2023（4）：79-89.

[6] 鲁金萍. 专精特新企业数字化转型仍需破解四大瓶颈 [J]. 数字经济，2023（12）：44-47.

[7] 朱小艳. "专精特新"企业数字化转型：现实意义、制约因素与推进策略 [J]. 企业经济，2023，42（1）：53-59.

[8] 王永贵，汪淋淋，李霞. 从数字化搜寻到数字化生态的迭代转型研究——基于施耐德电气数字化转型的案例分析 [J]. 管理世界，2023，39（8）：91-114.

[9] 宋扬,范柏乃."专精特新"企业制造过程数字化转型的组态路径研究[J].科技与管理,2023,25(2):80-88.

[10] 何瑛.数字化变革推动中小企业高质量发展的理论逻辑与实践路径[J].求索,2023(6):53-62.

[11] 汝绪伟,张晓月,张雷,等."专精特新"中小企业数字化转型政策体系、机遇挑战及路径选择——基于山东省的研究[J].科技管理研究,2023,43(23):113-120.

[12] 史宇鹏,王阳.中小企业数字化转型:焦点、难点及进路[J].新疆师范大学学报(哲学社会科学版),2024,45(1):86-95.

[13] Li L, Su F, Zhang W, et al. Digital transformation by SME entrepreneurs: a capability perspective[J].Information Systems Journal,2018,28(6):1129-1157.

[14] 吴江,陈浩东,陈婷.中小企业数字化转型的路径探析[J].新疆师范大学学报(哲学社会科学版),2024,45(1):96-107+2.

[15] 张夏恒.中小企业数字化转型障碍、驱动因素及路径依赖——基于对377家第三产业中小企业的调查[J].中国流通经济,2020,34(12):72-82.

[16] 王柏村,朱凯凌,薛塬,等.我国中小企业数字化转型的模式与对策[J].中国机械工程,2023,34(14),1756-1763.

[17] 牛璐,陈志军,刘振.资源与能力匹配下的中小企业数字化转型研究[J].科学学研究,2024(2):1-17.

[18]Garzoni A, Turi I D, Secundo G, et al.Fostering digital transformation of SMEs: a four levels approach[J]. Management Decision,2020,58(8):1543-1562.

[19] 娄淑珍，杨淳羽，王节祥，等. 中小制造企业如何推进数字化转型：嵌入性自主视角的案例研究[J]. 科学学与科学技术管理，2023，44（6）：168-182.

[20] 武常岐，张昆贤，陈晓蓉. 传统制造业企业数字化转型路径研究——基于结构与行动者视角的三阶段演进模型[J]. 山东大学学报（哲学社会科学版），2022（4）：121-135.

[21] 武立东，李思嘉，王晗，等. 基于"公司治理—组织能力"组态模型的制造业企业数字化转型进阶机制研究[J/OL]. 南开管理评论，2024.

[22] Battistoni E, Gitto S, Murgia G, et al. Adoption paths of digital transformation in manufacturing SME[J]. International Journal of Production Economics, 2023, 255: 108675.

[23] 蔡呈伟，戚聿东. 工业互联网对中国制造业的赋能路径研究[J]. 当代经济管理，2021，43（12）：40-48.

[24] Zangiacomi A, Pessot E, Fornasiero R, et al. Moving towards digitalization: a multiple case study in manufacturing[J]. Production Planning & Control, 2020, 31（2-3）：143-157.

[25] 陈玲，王晓飞，付宇航. 制造业企业自生能力与数字化转型路径[J]. 科学学研究，2024，42（2）：256-265.

[26] 刘志彪，徐天舒. 我国制造业数字化改造的障碍、决定因素及政策建议[J]. 浙江工商大学学报，2023（2）：92-105.

[27] 李煜华，向子威，胡瑶瑛，等. 路径依赖视角下先进制造业数字化转型组态路径研究[J]. 科技进步与对策，2022，39（11）：74-83.

[28] 林艳，张欣婧. 制造企业数字化转型不同阶段的影响因素——基于扎根理论的多案例研究[J]. 中国科技论坛，2022（6）：123-132+142.

[29] 曾宪聚，曾凯，任慧，等. 专精特新企业成长研究：综述与展望 [J]. 外国经济与管理，2024，46（1）：62-76.

[30] 周德良，杨雪. 企业财务数字化转型的影响因素及实现路径——基于扎根理论的探索性研究 [J]. 管理案例研究与评论，2023，16（5）：613-626.

[31] 池毛毛，叶丁菱，王俊晶，等. 我国中小制造企业如何提升新产品开发绩效——基于数字化赋能的视角 [J]. 南开管理评论，2020，23（3）：63-75.

第 5 章
北京市专精特新中小企业数字化赋能成效评价

第 1 节 评价指标设计

数字化转型通常涉及利用数字技术来改进企业的运营、提高效率、增强创新能力以及开拓新的市场和收入来源。已有研究主要关注数字化转型对中小企业财务绩效、创新能力和全要素生产率等变量的影响作用和作用机理问题，对数字化赋能中小企业成效的综合评价还非常缺乏。Paul 和 Claudia（2023）通过系统的文献综述发现，效率和效果提升、成本降低、生产率提高、客户满意度提高和竞争优势提升是关于中小企业数字化转型回报最常引用的指标，数字化转型通过降低成本（如自动化减少人力成本）、增加收入（如拓展线上销售渠道）等方式，为中小企业带来直接的财务回报；数字化工具和系统的应用能够优化企业内部的业务流程，提高生产效率和决策速度；通过数字化手段，中小企业能够突破地域限制，更广泛地接触目标客户，实现市场的快速扩张；

数字化转型促进了企业创新文化的形成，鼓励员工利用新技术、新方法解决问题，推动产品和服务的持续创新。

随着数字化技术的迅速发展，北京市专精特新企业在数字化转型深度和广度上不断拓展。为了全面了解数字化在赋能北京市专精特新企业发展方面发挥的作用，本章参考Paul和Claudia（2023）的研究，从成本降低、效率提升、效益增长、创新发展四个维度构建数字化赋能效果评价体系，具体指标体系如表5-1所示。

表5-1　北京市专精特新企业数字化赋能成效指标体系

一级指标	二级指标	三级指标
北京市专精特新企业数字化赋能成效	成本降低	生产成本降低
		人力成本降低
		管理费用降低
		销售成本降低
	效率提升	劳动生产率提高
		管理效率提高
		产品良品率提高
		存货周转率提高
		项目/产品交付效率提高
	效益增长	产品质量改进
		营业收入提高
		客户满意度提高
		销售利润率提高
	创新发展	技术创新能力提高
		新产品开发速度加快
		新产品研发能力提升
		促进商业模式创新
		市场响应速度提高

数字化转型可以降低中小企业多方面成本。在成本降低这一

维度，主要关注数字技术应用对企业成本降低的作用，主要包括生产、人力、管理及销售四个方面的成本。数字技术通过优化生产流程和提高生产效率，减少浪费，降低原材料和能源消耗，优化库存管理，从而降低生产制造成本和库存成本；自动化和智能化技术可以减少对人工操作的依赖，降低人力成本；数字化管理系统可以提高管理效率，减少管理层次，实现数据驱动的精细化管理，降低管理成本；利用数字营销工具可以更精准地定位目标客户，提高转化率，降低营销成本。

数字化转型可以促进中小企业多方面效率提升。在效率提升维度，我们关注数字化赋能如何优化企业的运营效率，此维度涵盖劳动生产率、管理效率、产品质量、存货管理和项目管理等方面。例如，在智能工厂和数字化车间，通过引入自动化生产线和智能设备，数字技术可以优化生产计划，降低人力成本，提升产品质量，有效提高劳动生产率；在管理环节，通过采用ERP、CRM等系统整合企业资源，利用数字化平台支持企业的战略管理、人事管理、财务管理的全局性协同管理，可以简化管理流程，提升决策和管理效率；在存货管理环节，数字化管理工具能够提供精准的生产信息和市场信息，帮助企业精确地控制存货数量。通过实时监测库存水平和销售趋势，企业可以及时调整采购和生产计划，避免存货积压或短缺的情况发生，从而提高存货周转率。

效益增长维度反映数字化赋能对企业经济效益的正向影响，包括产品质量、营业收入、客户满意度及利润率等方面。例如，在产品质量方面，传感器和自动化检测设备可以实时监控产品质量，及时发现潜在的质量问题并采取措施进行纠正，通过提升质量检测效率和产品全流程质量追溯，数字化转型可以促进产品质量的提升；通过数字化转型，企业可以探索新的商业模式，促进新产品的开发和新服务的拓展，创造新的增长点，更好地满足客户需求，从而促进收入的增加。此外，数字化转型通过提高效率、降低成本促进企业利润和收入增长。

创新发展维度聚焦于企业借助数字化转型提升其创新能力和发展潜力，确保企业能在变化的市场环境中保持竞争优势，此维度包括技术创新、产品开发、研发能力及商业模式创新等方面。数字技术和数字平台的广泛应用使得消费者更容易参与到新产品设计过程中，促进数据驱动和以用户为中心的产品设计和开发；数字技术在采购、生产、设计等环节的应用，使得供应链上下游企业之间能够快速方便地建立连接，促进了知识、数据、技术和资源的跨部门和跨企业的流动，为中小企业开展产品创新、商业模式创新和技术创新提供了更多机遇和可能性。

第 2 节　评价方法

一、评价方法的选择

本章选择了熵权 TOPSIS 法，主要基于以下原因。

首先，考虑到数字化赋能成效的多维度特性。数字化赋能涉及多个方面的指标，例如成本节约、效率提高、效益增长、创新发展等。而熵权 TOPSIS 法是一种多属性决策方法，能够综合考虑多个评价指标，因此非常适用于对数字化赋能成效进行全面评估。

其次，考虑到各个评价指标的重要性可能不同，需要一种客观的方法来确定各指标的权重。熵权TOPSIS法可以基于信息熵原理，对各个指标的重要性进行客观量化，避免了主观赋权可能带来的偏差，从而提高了评价结果的准确性和可信度。

再次，熵权TOPSIS法不仅可以对各个备选方案进行综合评价，还能够对这些方案进行排序，找出最优解。这种排序功能对于研究目标是寻找最佳数字化赋能方案的情况至关重要，可以为决策者提供直观、清晰的评价结果，有助于制定有效的决策和策略。

最后，熵权TOPSIS法相对简单易行，具有一定的实用性和可操作性。这意味着研究者可以比较容易地使用该方法进行评价，同时能够为决策者提供直观、实用的评价结果，从而增强了研究的可操作性和实用性。

二、评价步骤

熵权法是判断指标数值的无序程度，通过熵值来计算指标的熵权，然后用指标的熵权加权所有指标，最后得出客观的评价结果。熵权法可以确定任何评价项目的指标权重，剔除指标体系中对评价结果贡献不大的指标。相对层次分析法等主观赋权法，熵权法具有客观性更强、精度更高的优势，能够更好地解释评价结果。TOPSIS法是根据有限个评价对象与理想化目标的接近程度进行排序，是一种适用于多项指标对多个方案进行比较选择的评价方法。

本章将熵权法和 TOPSIS 法相结合，建立北京市专精特新企业数字化赋能成效评价模型，步骤如下。

设有 m 个评价对象，n 个评价指标，x_{ij} 表示第 i 个评价对象的第 j 个指标的指标值，各评价对象的评价指标值组成矩阵 $X=(x_{ij})m \times n$。

$$X = \begin{bmatrix} x_{11} & x_{12} & \cdots & x_{1n} \\ x_{21} & x_{22} & \cdots & x_{2n} \\ \vdots & \vdots & & \vdots \\ x_{m1} & x_{m2} & \cdots & x_{mn} \end{bmatrix} \tag{1}$$

1. 数据的规范化

各指标通常具有不同的量纲，无法直接进行比较，所以必须对指标值矩阵进行规范化，本章采用常用的标准化方法。由于本章各指标均为正向指标，因此，令 $A=\max(x_{1j}, x_{2j}, \cdots, x_{mj})$，$B=\min(x_{1j}, x_{2j}, \cdots, x_{mj})$。对于正向指标即数值越大绩效越好的指标有：

$$y_{ij} = \frac{x_{ij} - B}{A - B} \tag{2}$$

随后应用公式（3）对数据进行归一化处理，得到标准化矩阵 V。

$$V = \begin{bmatrix} v_{11} & v_{12} & \cdots & v_{1n} \\ v_{21} & v_{22} & \cdots & v_{2n} \\ \vdots & \vdots & & \vdots \\ v_{m1} & v_{m2} & \cdots & v_{mn} \end{bmatrix}, \quad v_{ij} = \frac{y_{ij}}{\sum_{i=1}^{m} y_{ij}} \tag{3}$$

2. 确定评价指标的熵权

在信息论中，信息熵是系统无序程度的度量。一般来说，综合评价中某项指标的指标值变异程度越大,信息熵越小,该指标提供的信息量越大,该指标的权重也应越大;反之该指标的权重也应越小。因此根据各项指标值的变异程度,利用信息熵这个工具计算出各指标的权重,即熵权。利用公式(4)、(5)计算各指标的熵值 E_j 和熵权 w_j。

$$E_j = \frac{\sum_{i=1}^{m} v_{ij} \ln v_{ij}}{\ln m} \tag{4}$$

$$w_j = \frac{1-E_j}{\sum_{j=1}^{n} 1-E_j} \tag{5}$$

3. 确定理想解和负理想解

TOPSIS 方法是根据评价对象与理想解距离的远近程度来评价最佳方案,根据标准化矩阵 V 得到正负理想解。

(1)正理想解

$$V^+ = v_{i1}^+, v_{i2}^+, \cdots, v_{in}^+,\ v_{ij}^+ = \max(v_{ij}),\ 1 \leq i \leq m,\ j=1,2,\cdots,n \tag{6}$$

(2)负理想解

$$V^- = v_{i1}^-, v_{i2}^-, \cdots, v_{in}^-,\ v_{ij}^- = \min(p_{ij}),\ 1 \leq i \leq m,\ j=1,2,\cdots,n \tag{7}$$

4. 计算距离

各评价对象与理想解的距离如下,评价对象距离正理想解越小越好。

$$D_i^+ = \sqrt{\sum_{j=1}^n w_j (p_{ij}^+ - p_{ij})^2} \qquad (8)$$

$$D_i^- = \sqrt{\sum_{j=1}^n w_j (p_{ij}^- - p_{ij})^2} \qquad (9)$$

5.确定相对接近度

评价对象与理想解的相对接近度如下：

$$C_i = \frac{D^-}{D^+ + D^-} \qquad (11)$$

根据相对接近度的大小，就可以对评价对象的优劣进行排序，其数值在0到1之间，相对接近值越大则代表成效越好，相对接近度值越小则代表成效越差。

第3节 数据来源

本章研究采用问卷调研的方式收集数据，调研时间是2023年10月至11月。问卷包括三个部分：第一部分询问被调查企业的基本信息，第二部分是对数字化赋能企业价值链环节的调查，第三部分是对企业数字化赋能成效的相关维度的评价。评价打分采用李克特量表，从1~5效果逐渐显著，1表示"效果不明显"，2表示"效果一般"，3表示"效果适中"，4表示"效果较为显著"，5表示"效果非常显著"。问卷面向北京市开展数字化转型的专精特新企业发放，共收回有效数据493份。样本数据的描述性统计信息如表5-2所示。

表 5-2 样本数据的描述性统计信息

企业成立年限（发展阶段）	数量	百分比	企业类型	数量	百分比
小于等于 5 年	40	8.11%	国有	47	9.53%
大于 5 年小于等于 10 年	194	39.35%	合资	25	5.07%
大于 10 年	259	52.54%	民营	408	82.76%
员工人数	数量	百分比	外资	13	2.64%
50 人及以下	130	26.37%	企业所处行业	数量	百分比
51~100 人	111	22.52%	制造业	135	27.38%
101~150 人	75	15.21%	非制造业	358	72.62%
151~200 人	44	8.92%	企业称号	数量	百分比
200 人以上	133	26.98%	国家级专精特新"小巨人"	94	19.10%
			市级专精特新中小企业	399	80.90%

从企业称号来看，样本企业包括国家级专精特新"小巨人"企业 94 家，市级专精特新中小企业 399 家；从企业类型来看，国有企业、民营企业、外资企业以及合资企业数量分别为 47 家、408 家、13 家、25 家；从企业所处行业来看，制造业企业和非制造业企业的数量分别为 135 家和 358 家。行业类型方面，如表 5-3 所示，样本企业覆盖软件和信息技术服务业、科技推广和应用服务业、互联网和相关服务业、专业设备制造业等多个行业类型和细分领域。

表 5-3　样本企业的行业分布情况

行业大类	数量	百分比	行业大类	数量	百分比
软件和信息技术服务业	211	42.8%	专业技术服务业	11	2.2%
科技推广和应用服务业	44	8.9%	铁路、船舶、航空航天和其他运输设备制造业	8	1.6%
互联网和相关服务业	37	7.5%	通用设备制造业	7	1.4%
计算机、通信和电子设备制造业	31	6.3%	电气机械和器材制造业	7	1.4%
专用设备制造业	27	5.5%	电信、广播电视和卫星传输服务	5	1.0%
仪器仪表制造业	20	4.1%	生态保护和环境治理业	5	1.0%
医药制造业	18	3.7%	教育	5	1.0%
研究和试验发展	18	3.7%	其他	39	7.9%

通过对样本的描述性统计，可以发现参与调研的企业在年龄、领域属性、企业类型以及全职员工数量等方面呈现出多样化的特征，具有较好的代表性。

第4节　数字化赋能的业务环节

被调研企业部署的数字化产品主要在研发设计、经营管理、数据安全、营销销售等方面发挥了赋能作用，如图 5-1 所示，占比均达 60% 以上。其中研发设计环节比例最高，占比为 80.7%，其次是经营管理环节，占比达到 75.7%，排在第三位的是数据安全，占比为 70.8%，排在第四位的是营销销售，占比为 65.7%。

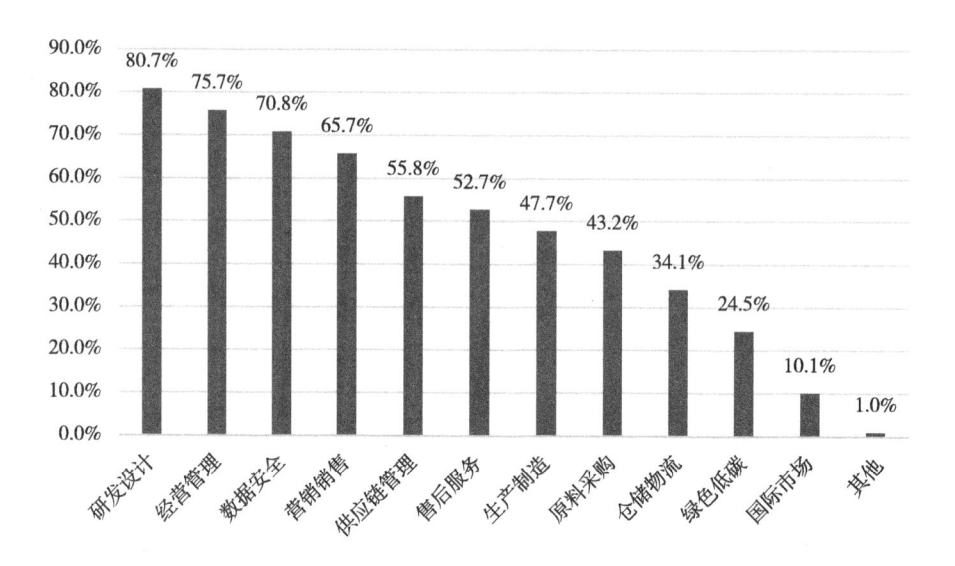

图5-1 数字化产品赋能不同业务环节

研发设计 80.7%
经营管理 75.7%
数据安全 70.8%
营销销售 65.7%
供应链管理 55.8%
售后服务 52.7%
生产制造 47.7%
原料采购 43.2%
仓储物流 34.1%
绿色低碳 24.5%
国际市场 10.1%
其他 1.0%

从行业比较来看，如图5-2所示，非制造业企业部署的数字化产品主要在研发设计、经营管理、数据安全、营销销售等方面发挥了赋能作用，其中研发设计比例最高，占比达到84.6%；制造业企业部署的数字化产品主要在生产制造、经营管理、供应链管理、研发设计等方面发挥了赋能作用，其中生产制造比例最高，占比达到80.0%。此外，相对于非制造业企业，制造业企业在生产制造、仓储物流、原料采购、供应链管理环节数字化的比例较高；相对于制造业企业，非制造业企业在营销销售、数据安全、研发设计、售后服务等环节的数字化比例明显高于制造业企业。

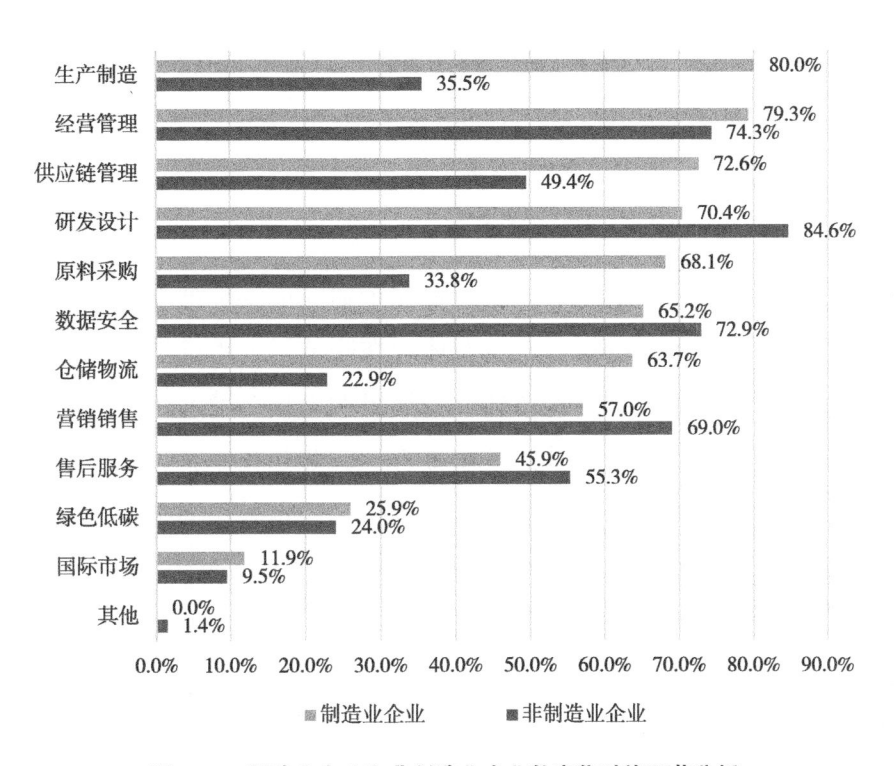

环节	制造业企业	非制造业企业
生产制造	80.0%	35.5%
经营管理	79.3%	74.3%
供应链管理	72.6%	49.4%
研发设计	70.4%	84.6%
原料采购	68.1%	33.8%
数据安全	65.2%	72.9%
仓储物流	63.7%	22.9%
营销销售	57.0%	69.0%
售后服务	45.9%	55.3%
绿色低碳	25.9%	24.0%
国际市场	11.9%	9.5%
其他	0.0%	1.4%

图 5-2 制造业企业和非制造业企业数字化赋能环节分析

第 5 节 数字化赋能成效的分维度统计

一、成本降低

整体来看，如表5-4所示，数字化在赋能专精特新企业成本降低方面发挥了积极作用。其中，在人力成本降低和管理费用降低两个方面成效较为突出。

表 5-4　企业成本降低维度方面赋能效果得分均值情况

维度	降低了生产成本	降低了人力成本	降低了管理费用	降低了销售成本
平均值	3.94	4.22	4.16	3.81
标准差	1.050	0.883	0.914	1.081

从企业所处行业来看，非制造业企业在成本降低维度方面赋能效果中，如图 5-3 所示，主要体现在降低了人力成本和降低了管理费用两个方面，其在该环节上效果非常显著的占比均在半数左右；制造业企业在成本降低维度方面赋能效果中，如图 5-4 所示，主要体现在降低了人力成本和降低了管理费用两个方面，其在该环节上效果非常显著的占比均在三分之一以上。

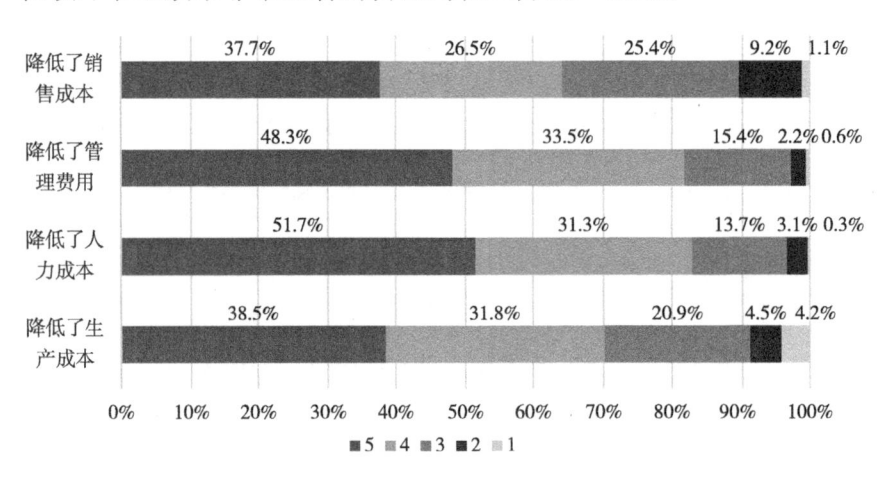

降低了销售成本：37.7%　26.5%　25.4%　9.2%　1.1%
降低了管理费用：48.3%　33.5%　15.4%　2.2%　0.6%
降低了人力成本：51.7%　31.3%　13.7%　3.1%　0.3%
降低了生产成本：38.5%　31.8%　20.9%　4.5%　4.2%

注：从 1 到 5 代表程度不断提高，1 代表效果不显著，5 代表效果非常显著，下同。

图 5-3　非制造业企业成本降低维度赋能效果

第5章 北京市专精特新中小企业数字化赋能成效评价

降低了销售成本　21.5%　34.1%　28.1%　9.6%　6.7%
降低了管理费用　33.3%　34.1%　22.2%　8.1%　2.2%
降低了人力成本　35.6%　37.0%　18.5%　8.9%　0
降低了生产成本　29.6%　39.3%　23.7%　4.4%　3.0%

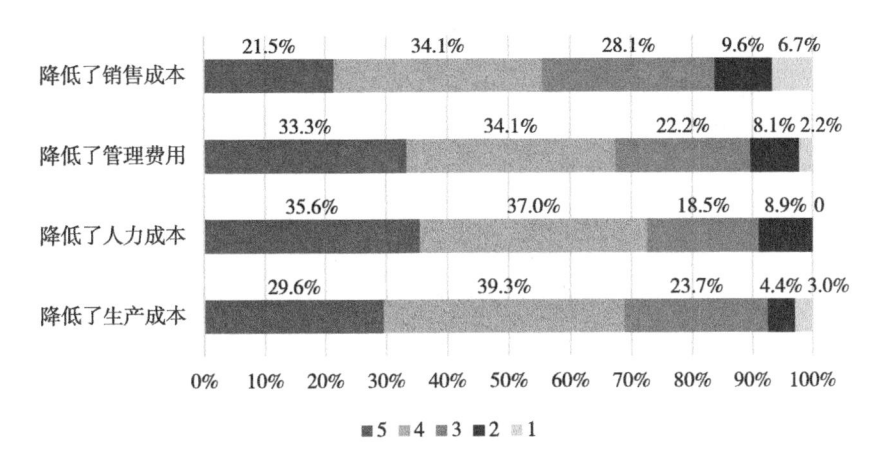

图 5-4　制造业企业成本降低维度赋能效果

二、效率提升

数字化在赋能专精特新企业效率提升方面发挥了积极作用，如表 5-5 所示。其中，在管理效率提高、劳动生产率提高以及项目 / 产品交付效率提升三个方面效果非常显著，其得分均值均大于 4。

从企业所处行业来看，如图 5-5 所示，非制造业企业在效率提升维度方面赋能效果中，主要体现在提高了管理效率、提高了劳动生产率、项目 / 产品交付效率提升三个方面，其在该环节上效果非常显著的占比均超过了 45%；制造业企业在效率提升维度方面赋能效果中，如图 5-6 所示，主要体现在管理效率、劳动生产率、项目 / 产品交付效率、产品良品率四个方面，其在该环节上效果非常显著的占比均在 30% 以上。

127

表 5-5　企业效率提升维度方面赋能效果得分均值情况

维度	提高了劳动生产率	提高了管理效率	提高了产品良品率	提高了存货周转率	项目/产品交付效率提升
平均值	4.20	4.36	3.77	3.47	4.08
标准差	0.906	0.806	1.192	1.307	0.994

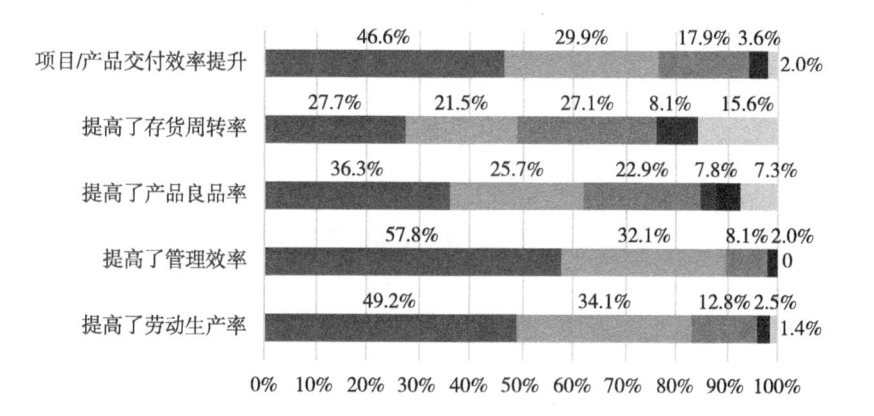

图 5-5　非制造业企业效率提升维度赋能效果

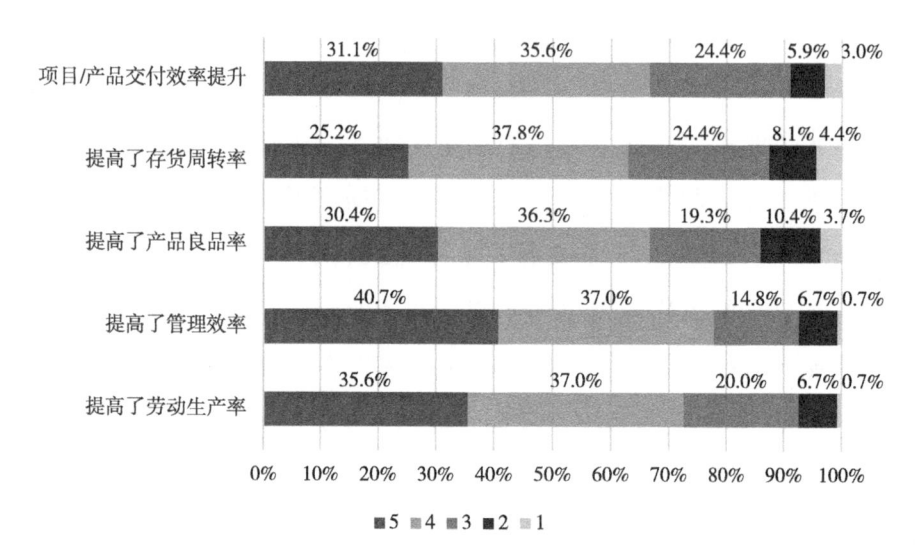

图 5-6　制造业企业效率提升维度赋能效果

三、效益增长

整体来看,如表 5-6 所示,被调研企业在效益增长维度方面赋能效果中,主要体现在提高了客户满意度方面,其得分均值大于 4。

表 5-6 企业效益增长维度方面赋能效果得分均值情况

维度	改进了产品质量	提高了营业收入	提高了客户满意度	提高了销售利润率
平均值	3.93	3.91	4.19	3.85
标准差	1.094	1.043	0.919	1.044

从企业所处行业来看,如图 5-7 所示,非制造业企业在效益增长赋能效果中,主要体现在提高了客户满意度、改进了产品质量、提高了营业收入方面,其在该环节上效果非常显著的占比均在四成左右;制造业企业在效益增长维度方面赋能效果中,如图 5-8 所示,主要体现在提高了客户满意度和改进了产品质量两个方面,其在该环节上效果显著的企业数量占比均在三分之一左右。

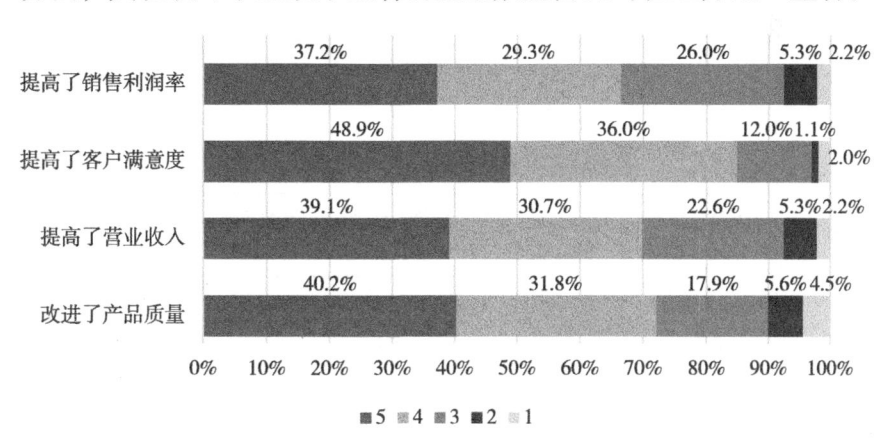

图 5-7 非制造业企业效益增长维度赋能效果

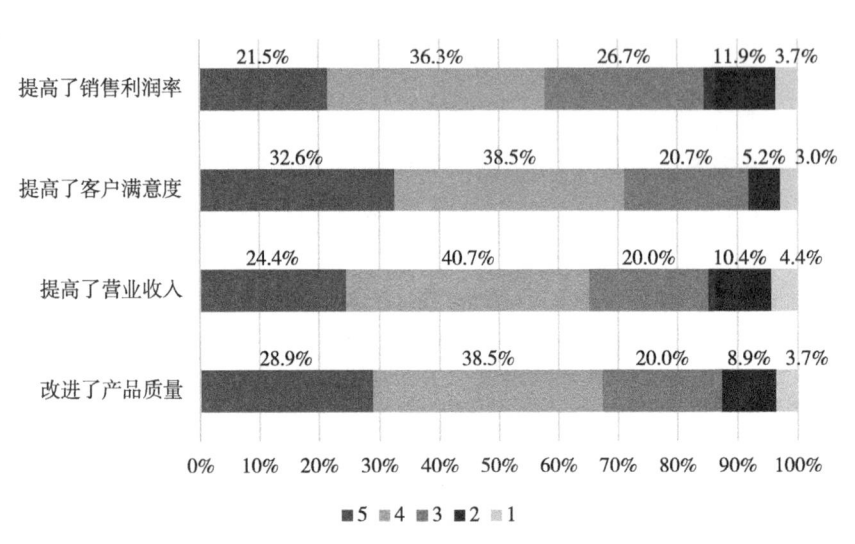

```
                  21.5%         36.3%        26.7%     11.9% 3.7%
提高了销售利润率

                32.6%           38.5%        20.7%    5.2% 3.0%
提高了客户满意度

                 24.4%           40.7%       20.0%   10.4% 4.4%
提高了营业收入

                 28.9%           38.5%       20.0%    8.9% 3.7%
改进了产品质量

         0%  10%  20%  30%  40%  50%  60%  70%  80%  90%  100%

                       ■5  ■4  ■3  ■2  ■1
```

图 5-8 制造业企业效益增长维度赋能效果

四、创新发展

整体来看，如表 5-7 所示，被调研企业在创新发展维度上数字化赋能效果比较显著，所有得分均值都在 4 左右，其中数字化在赋能企业技术创新能力提升方面效果最为明显，得分均值为 4.13。

表 5-7 企业创新发展维度方面赋能效果得分均值情况

维度	提高了技术创新能力	新产品开发速度加快	新产品研发能力提升	促进了商业模式创新	提高了市场响应速度
平均值	4.13	4.05	4.09	3.97	4.08
标准差	0.969	1.024	1.004	1.018	0.988

从企业所处行业来看，非制造业企业在创新发展维度上赋能效果显著，如图 5-9 所示，各个方面的占比均大于 40%，主要体现在提高了技术创新能力、新产品研发能力提升、新产品开发速

度加快、促进了商业模式创新；制造业企业在创新发展维度上赋能效果弱于非制造业企业，如图 5-10 所示，其在提高了技术创新能力、新产品研发能力提升、新产品开发速度加快三方面效果非常显著的占比均在 30% 左右。

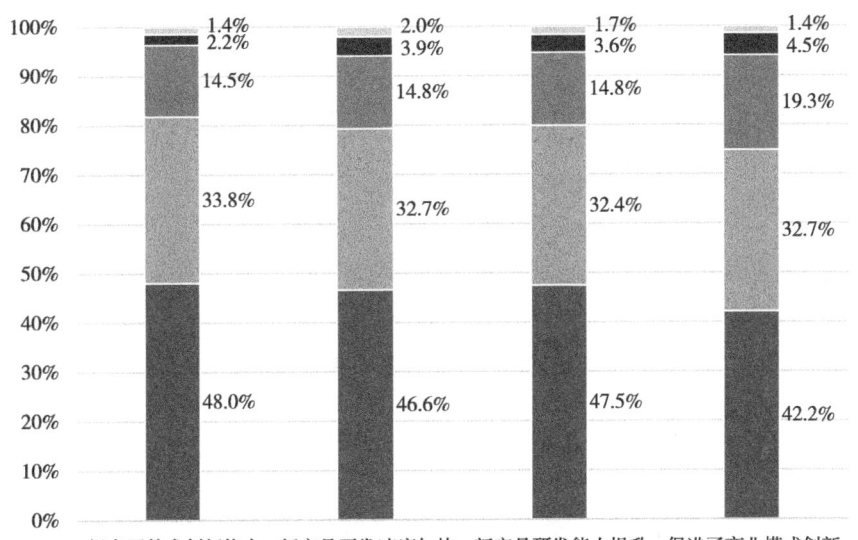

图 5-9 非制造业企业创新发展维度赋能效果

图 5-10 制造业企业创新发展维度赋能效果

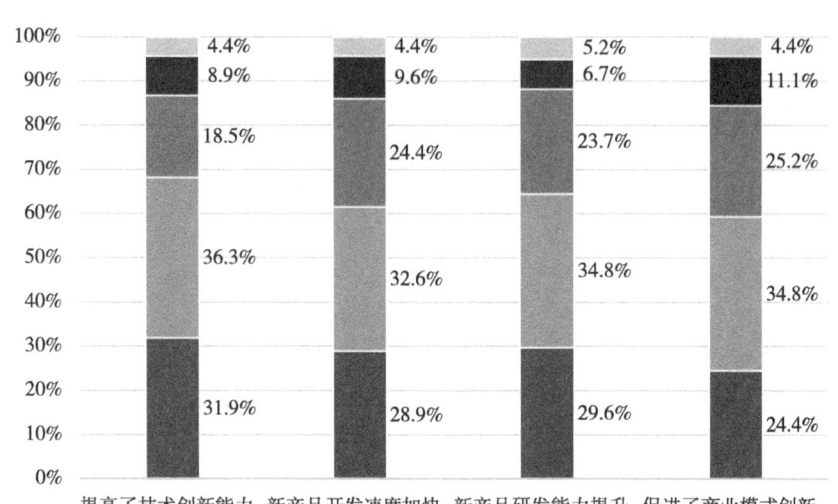

第 6 节　数字化赋能成效的总体统计

一、总体成效

在所有企业中，如表 5-8 所示，平均值最高的是创新发展维度，为 4.06，这表明数字化赋能在促进企业创新方面取得了显著成效。这可能是因为数字化技术的引入为企业提供了更多的创新工具和平台，促进了知识和创新资源的流动，提升了研发效率，加速了产品和服务的创新过程。平均值最低的是效率提升和效益增长两个维度，均为 3.97，尽管被调研的企业在这两个维度上数字化赋能效果相对不显著，但仍然是正向影响。成本降低维度的平均值为 4.03，表明数字化赋能在降低企业运营成本方面也取得了良好成效。在四个维度中，成本降低的标准差最小，为 0.999，效率提升的标准差最大，为 1.104。

表 5-8 企业数字化赋能总体效果

统计维度	成本降低	效率提升	效益增长	创新发展
平均值	4.03	3.97	3.97	4.06
标准差	0.999	1.104	1.034	1.001

二、制造业企业和非制造业企业比较分析

在制造业企业中，如表 5-9 所示，平均值最高的是效率提升维度，为 3.89，这表明数字化赋能在提高制造业企业的生产效率方面取得了显著成效。平均值最低的是创新发展维度，为 3.73，这可能意味着虽然数字化赋能对制造业企业的创新发展有一定的促进作用，但相比于效率提升，其作用较弱。这可能是因为制造业企业在创新方面面临更多的挑战和限制。成本降低维度的平均值为 3.82，效益增长维度的平均值为 3.76，表明数字化赋能在降低成本和增长效益方面也取得了积极成果。在四个维度中，效率提升的标准差最小，为 1.025，创新发展的标准差最大，为 1.107。

表 5-9 制造业企业数字化赋能总体效果

统计维度	成本降低	效率提升	效益增长	创新发展
平均值	3.82	3.89	3.76	3.73
标准差	1.039	1.025	1.061	1.107

在非制造业企业中，如表 5-10 所示，平均值最高的是创新发展维度，为 4.19，这表明数字化赋能在促进非制造业企业的创新

发展方面取得了显著成效。这可能是因为非制造业企业更加注重服务和模式创新，数字化技术的应用为这些企业提供了更多的创新机会和工具。平均值最低的是效率提升维度，为4.00，尽管这一维度的平均值仍然较高，但相对于其他维度来说，效率提升的成效略显逊色。这可能是因为非制造业企业的效率提升空间相对较小，或者数字化赋能在效率提升方面的作用还未完全发挥。成本降低的平均值为4.11，效益增长的平均值为4.05，这表明数字化赋能在降低成本和增长效益方面也取得了积极成果。在四个维度中，创新发展的标准差最小，为0.929，效率提升的标准差最大，为1.131。

表5-10 非制造业企业数字化赋能总体效果

统计维度	成本降低	效率提升	效益增长	创新发展
平均值	4.11	4.00	4.05	4.19
标准差	0.972	1.131	1.013	0.929

如图5-11所示，非制造业企业在四个维度上的数字化赋能成效比制造业显著。非制造业企业在成本降低方面的表现优于制造业，可能是因为非制造业企业通过数字化技术优化了服务流程、提高了资源利用效率，从而有效降低了运营成本。相比之下，制造业企业虽然也能通过数字化技术降低生产成本，但可能面临更多的固定资产和设备投入，因此成本降低的幅度相对较小。在效率提升方面，两个行业的差距不大，说明数字化赋能对二者的生产或服务效率都有积极影响。非制造业企业在效益增长方面的表现优于制造业企业，这可能与非制造业企业在市场定位、客户服

务和品牌建设方面的投入有关。通过数字化技术，非制造业企业能够更精准地定位目标市场、提高客户满意度和忠诚度，从而带来更大的收益增长。非制造业企业在创新发展方面的表现明显优于制造业企业，这可能是因为非制造业企业更加重视技术和服务创新，且数字化技术为其提供了更多创新的机会和手段。相比之下，制造业企业的创新可能更多集中在产品和生产工艺上，而在服务和商业模式创新方面的投入相对较少。

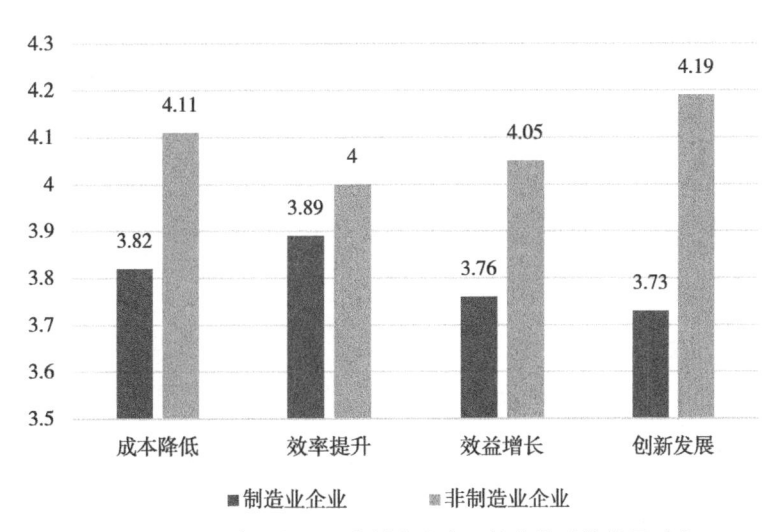

图 5-11 制造业企业和非制造业企业数字化赋能效果对比

三、不同发展阶段企业比较分析

如表 5-11 所示，在成立年限小于等于 5 年的企业中，平均值最高的为创新发展维度，为 4.09，这表明对于初创期企业来说，数字化赋能在促进创新发展方面取得了显著成效。初创期企业通常更加灵活，更愿意尝试新技术和新模式，因此在创新发展方面能够更好地利用数字化技术。平均值最低的是效益增长维度，为3.93，这表明对于年轻企业来说，尽管数字化赋能能够带来一定程度的效益增长，但由于企业规模、市场份额和品牌影响力相对较小，因此效益增长的空间和速度可能有限。成本降低维度的平均值为4.04，效率提升维度的平均值为4.02，这表明数字化赋能在降低成本和提升效率方面也取得了积极成果。在四个维度中，创新发展的标准差最小，为1.090，效益增长的标准差最大，为1.198。

表 5-11 成立年限小于等于 5 年的企业数字化赋能总体效果

统计维度	成本降低	效率提升	效益增长	创新发展
平均值	4.04	4.02	3.93	4.09
标准差	1.121	1.130	1.198	1.090

如表 5-12 所示，在成立年限大于 5 年小于等于 10 年的企业中，平均值最高的为创新发展维度，为 4.20，这表明对于成长期的企业来说，数字化赋能在促进创新发展方面取得了显著成效。这些企业可能已经具备了一定的市场基础和技术积累，因此能够更好地利用数字化技术进行创新。平均值最低的是效率提升维度，为 4.02，虽然这个平均值仍然较高，但相比其他维度来说，这类企业在效率提升方面的成效略显逊色。这可能是因为随着企业的成长，优化生产或服务流程的空间有所减少，因此效率提升的幅度有限。成本降低维度的平均值为 4.13，效益增长维度的平均值为 4.05，这表明数字化赋能在降低成本和增长效益方面也取得了积极成果。这些企业可能通过数字化技术优化了供应链管理、提

高了市场竞争力等方式有效地降低了成本并提高了效益。在四个维度中，创新发展的标准差最小，为 0.899，效率提升的标准差最大，为 1.137。

表 5-12 成立年限大于 5 年小于等于 10 年的企业数字化赋能总体效果

统计维度	成本降低	效率提升	效益增长	创新发展
平均值	4.13	4.02	4.05	4.20
标准差	0.941	1.137	1.014	0.899

如表 5-13 所示，在成立年限大于 10 年的企业中，平均值最高的为成本降低维度和创新发展维度，均为 3.96，这表明对于这个成熟期的企业来说，数字化赋能在降低成本和促进创新发展方面取得了显著成效。这些企业可能已经具备了较为成熟的管理体系和市场地位，因此能够有效地利用数字化技术进行成本控制和创新活动。平均值最低的是效益增长维度，为 3.91，这表明对于成熟期的企业来说，尽管数字化赋能能够带来一定程度的效益增长，但由于市场竞争和领域发展的挑战，效益增长的空间和速度可能受到限制。效率提升维度的平均值为 3.93，这表明数字化赋能在提升效率方面也取得了积极成果。在四个维度中，成本降低的标准差最小，为 1.017，效率提升的标准差最大，为 1.073。

表 5-13 成立年限大于 10 年的企业数字化赋能总体效果

统计维度	成本降低	效率提升	效益增长	创新发展
平均值	3.96	3.93	3.91	3.96
标准差	1.017	1.073	1.019	1.047

如图 5-12 所示，综合来看，成立年限大于 5 年小于等于 10

年的处于成长期的企业在四个维度上的数字化赋能成效比其他年龄阶段的企业显著，其次是成立年限小于等于 5 年的初创企业数字化赋能成效较显著。在成本降低维度上，成立年限大于 5 年小于等于 10 年的企业表现最佳，可能因为这些处于成长期的企业已经积累了一定的经验和资源，能够更有效地利用数字化技术进行成本控制。相比之下，成立年限超过 10 年的企业表现相对较弱，可能因为这些成熟期企业在成本优化方面的空间有限。在效率提升维度上，成立年限小于等于 5 年的企业和成立年限大于 5 年小于等于 10 年的企业表现相似且较好，可能因为这些企业通过引入自动化、信息化等技术提升了生产和服务的效率。相比之下，成立年限大于 10 年的企业表现略低，可能因为这些成熟企业在效率提升方面面临更多的挑战。在效益增长维度上，成立年限大于 5 年小于等于 10 年的企业表现最佳，可能因为这些处于成长期的企业已经建立了一定的市场地位和品牌影响力，数字化赋能能够更有效地带来业务增长和利润提升。相比之下，成立年限大于 10 年的企业表现相对较弱，可能因为这些成熟企业在市场上面临更激烈的竞争。在创新发展维度上，成立年限大于 5 年小于等于 10 年的企业在创新发展方面表现最佳，可能因为这些处于成长期的企业更加愿意尝试新技术和新模式，从而在创新方面取得了较好的成效。相比之下，成立年限大于 10 年的企业表现相对较弱，可能因为这些成熟企业在创新方面的投入和活力相对有限。

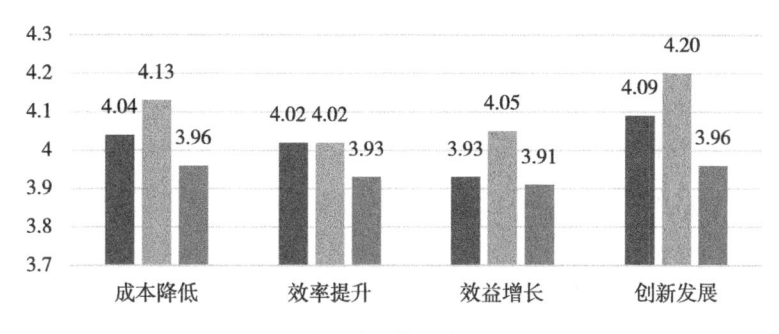

图 5-12 不同发展阶段企业数字化赋能效果对比

第 7 节 不同细分领域数字化赋能成效的综合评价

一、区县层面数字化赋能成效评价

将 493 家北京市专精特新企业按北京区县进行划分，再选取具有 10 家以上专精特新企业的区县进行统计分析，共筛选得到 13 个区县，474 家企业，其中海淀区 176 家、朝阳区 62 家、经开区 50 家、昌平区 35 家、丰台区 29 家、顺义区 26 家、通州区 20 家、石景山区 18 家、大兴区 14 家、房山区 13 家、密云区 11 家、东城区 10 家、西城区 10 家。按照前文构建的指标评价体系，计算了各项数字化赋能成效指标权重以及各区县数字化赋能成效排名，如表 5-14 所示。其中，提高了存货周转率的权重系数最高，所占比例为 14.75%，这意味着在数字化赋能的评价体系中，提高存货周转率被视为一个非常重要的指标。存货周转率是企业运营效率的一个重要体现，通过提高存货周转率，企业能够更快地将存货转化为现金流，从而提升企业的盈利能力和市场竞争力。提高了客户满意度和降低了管理费用的权重系数最低，所占比例均为 3.11%，这并不意味着这两个指标不重要，而是相对于其他指标而言，在数字化赋能的评价体系中，其权重相对较低，对综合评价的结果影响较小。

表 5-14 基于熵值法的各区县数字化赋能成效指标权重

评价项目	信息熵值 e	权重系数 w
提高了存货周转率	0.9973	14.75%
新产品开发速度加快	0.9983	9.46%
提高了产品良品率	0.9988	6.75%
新产品研发能力提升	0.9989	6.33%
提高了市场响应速度	0.9989	6.22%
促进了商业模式创新	0.9989	5.92%
提高了技术创新能力	0.9990	5.79%
降低了人力成本	0.9991	5.09%
项目/产品交付效率提升	0.9991	4.92%
降低了生产成本	0.9992	4.71%
改进了产品质量	0.9992	4.59%
降低了销售成本	0.9992	4.50%
提高了营业收入	0.9993	4.11%
提高了销售利润率	0.9993	3.93%
提高了管理效率	0.9994	3.51%
提高了劳动生产率	0.9994	3.22%
降低了管理费用	0.9994	3.11%
提高了客户满意度	0.9994	3.11%

成本降低层面，降低了人力成本的数字化赋能成效最好，降低了销售成本的数字化赋能成效最差。这表明在数字化赋能的过程中，企业更容易通过技术手段实现人力成本的降低，比如通过自动化和智能化设备替代人力，从而减少人力成本。然而，在降低销售成本方面，数字化赋能的成效并不显著，可能是因为销售成本的降低更多地依赖于市场策略、销售渠道等因素，而非单纯的数字化技术。

效率提升层面，提高了存货周转率的数字化赋能成效最好，提高了管理效率的数字化赋能成效最差。这可能是因为存货周转率是一个较为直观且易于量化的指标，通过数字化手段如智能仓储、物流管理系统等能够较为有效地提高存货周转率。而管理效率的提高则涉及企业内部的多个方面，如组织结构、管理流程等，数字化赋能在这方面的作用可能相对有限。

效益增长层面，改进了产品质量的数字化赋能成效最好，提高了客户满意度的数字化赋能成效最差。这说明数字化技术在提升产品质量方面发挥了显著作用。然而，在提高客户满意度方面，数字化赋能的成效并不明显，可能需要结合其他非数字化手段来提升客户满意度。

创新发展层面，新产品开发速度加快的数字化赋能成效最好，提高了技术创新能力的数字化赋能成效最差。这可能是因为数字化技术能够加速新产品的设计和开发过程，比如通过云计算、大数据等技术能够快速获取市场信息、分析用户需求，从而加快新产品的推出速度。然而，在提高技术创新能力方面，数字化技术虽然可以提供一定的支持，但真正的技术创新还需要依赖于企业的研发实力、创新文化等因素。

通过 TOPSIS 法计算出正理想解距离、负理想解距离和相对接近度，并进行排序，如表 5-15 所示，区县数字化赋能成效排名前三位的分别是西城区、昌平区和顺义区。

表 5-15 基于 TOPSIS 法的各区县数字化赋能成效计算结果

评价区县	正理想解距离 D	负理想解距离 D-	相对接近度 C	排序结果
西城区	0.037	0.288	0.886	1
昌平区	0.082	0.255	0.756	2
顺义区	0.081	0.245	0.753	3
丰台区	0.088	0.240	0.732	4
房山区	0.103	0.251	0.710	5
密云区	0.098	0.227	0.698	6
海淀区	0.097	0.220	0.694	7
经开区	0.122	0.225	0.649	8
朝阳区	0.138	0.175	0.559	9
东城区	0.210	0.212	0.502	10
大兴区	0.215	0.150	0.410	11
石景山区	0.200	0.128	0.390	12
通州区	0.237	0.116	0.328	13

西城区在数字化赋能成效方面排名第一，其原因可能体现在以下几个方面：一是西城区金融业、信息服务业、科技服务业等现代服务业企业构成了专精特新企业的主体，数字化对服务业赋能的效果相对于制造业更为明显；二是西城区聚集了较多的数字化人才和创新资源，为数字化赋能提供了有力支撑。

昌平区在数字化赋能成效方面排名领先，也具备一些显著优势。这些优势可能包括：第一，昌平区 2023 年入选国家第一批中小企业数字化转型试点城市，适时推出了一系列促进中小企业数字化转型的措施，例如精准发挥财政资金的引导作用、精选通用型数字化转型产品、开展多种形式的培训宣传等，以提高中小企业的数字化转型认知水平；第二，昌平区重点围绕医药健康、先进能源、先进制造、现代服务等领域发展专精特新企业，特别关注生物医药制品及器械制造业、智能装备及零部件制造业，并计划培育一批数字化服务商、树立数字化转型标杆企业、打造优质解决方案、推动全行业复制推广链式转型，这将有助于提升行业的数字化水平，促进数字技术价值的有效释放。

顺义区在数字化赋能成效方面排名靠前，也具备一些显著优势。顺义区2024年入选国家第二批中小企业数字化转型试点城市。顺义区聚焦智能装备、生物医药、电子信息等制造业重点行业，充分发挥产业集群等载体的作用，推进产业集群数字化转型。这些举措将有助于顺义区专精特新中小企业通过数字化转型提升其竞争力和创新能力，实现高质量发展。

二、主要细分行业数字化赋能成效评价

将493家北京市专精特新企业按细分行业进行划分，再选取具有10家以上专精特新企业的细分行业进行统计分析，共筛选得到9个细分行业，417家企业，其中从事软件和信息技术服务业的企业有211家，从事科技推广和应用服务业的企业有44家，从事互联网和相关服务的企业有37家，从事计算机、通信和其他电子设备制造业的企业有31家，从事专用设备制造业的企业有27家，从事仪器仪表制造业的企业有20家，从事医药制造业的企业有18

家，从事研究和试验发展的企业有18家，从事专业技术服务业的企业有11家。按照前文构建的指标评价体系，计算了各项数字化赋能成效指标权重以及各主要细分行业数字化赋能成效排名，如表5-16所示。其中，提高了存货周转率的权重系数最高，所占比例为18.43%，这表明，存货周转率的提升被视为各细分领域企业提升运营效率、优化资源配置的关键。通过数字化手段，企业可以更加精准地管理库存，优化物流体系，进而提高存货周转率，增强市场竞争力。与此同时，提高了劳动生产率的权重系数最低，所占比例仅为1.63%。这可能意味着，在数字化赋能过程中，各细分领域对于提升劳动生产率的关注度相对较低。

表5-16 基于熵值法的主要细分领域数字化赋能成效指标权重

评价项目	信息熵值 e	权重系数 w
提高了存货周转率	0.9975	18.43%
新产品开发速度加快	0.9988	8.62%
提高了产品良品率	0.9989	8.34%
促进了商业模式创新	0.9990	7.24%
提高了市场响应速度	0.9990	7.02%
新产品研发能力提升	0.9991	6.31%
降低了销售成本	0.9992	5.69%
降低了人力成本	0.9992	5.65%
降低了管理费用	0.9992	5.51%
降低了生产成本	0.9994	4.43%
项目/产品交付效率提升	0.9994	4.19%
提高了技术创新能力	0.9995	3.76%
提高了管理效率	0.9996	3.08%
改进了产品质量	0.9996	2.89%
提高了客户满意度	0.9996	2.64%

续表

评价项目	信息熵值 e	权重系数 w
提高了销售利润率	0.9997	2.43%
提高了营业收入	0.9997	2.14%
提高了劳动生产率	0.9998	1.63%

在成本降低层面，降低了销售成本的权重系数最高。这反映出数字化技术在优化销售流程、降低销售环节成本方面发挥了显著作用。对于各细分行业的企业来说，通过数字化手段提升销售效率、减少不必要的开支，是实现成本优化的重要途径。然而，降低了生产成本的数字化赋能成效最差。这可能是因为生产成本的降低更多地依赖于生产过程的优化、材料成本的降低以及技术创新等因素，而单纯的数字化赋能难以在短期内实现显著的成本降低。

在效率提升层面，提高了存货周转率的权重系数最高，而提高了劳动生产率的数字化赋能成效最差，这说明数字化在赋能劳动生产率方面的作用尚待提升。

在效益增长层面，改进了产品质量的权重系数最高。这表明，通过数字化手段提升产品质量控制水平，对于增强企业市场竞争力、提升客户满意度具有重要意义。而提高了营业收入的权重系数较低，这可能意味着数字化在赋能营业收入提升方面的效果有待改进。

在创新发展层面，新产品开发速度加快的权重系数较高，这体现了数字化技术在推动企业产品创新、加速产品迭代方面的积极作用。

通过 TOPSIS 法计算出正理想解距离、负理想解距离和相对接近度，并进行排序，如表 5-17 所示，主要细分行业数字化赋能成效排名前三位的分别是研究和试验发展、软件和信息技术服务业，以及专用设备制造业。

表 5-17　基于 TOPSIS 法的主要细分行业数字化赋能成效计算结果

细分行业	正理想解距离 D	负理想解距离 D-	相对接近度 C	排序结果
研究和试验发展	0.031	0.230	0.881	1
软件和信息技术服务业	0.092	0.166	0.643	2
专用设备制造业	0.122	0.198	0.619	3
科技推广和应用服务业	0.101	0.162	0.616	4
仪器仪表制造业	0.127	0.175	0.578	5
计算机、通信和其他电子设备制造业	0.128	0.169	0.570	6
医药制造业	0.146	0.173	0.542	7
互联网和相关服务	0.202	0.124	0.381	8
专业技术服务业	0.209	0.086	0.292	9

研究和试验发展行业在数字化赋能成效方面排名第一，主要得益于以下几方面的优势：一是研究和试验发展行业通常具有较强的创新能力和研发实力，能够迅速吸收和应用最新的数字化技术。这使得该行业在数字化转型过程中更具优势，能够开发出更具创新性和竞争力的产品和服务。二是数字化技术对于研究和试验发展行业的业务模式和流程优化具有显著作用。通过应用数字化技术，该行业能够提高研发效率、降低研发成本，加速科研成果的转化和应用。此外，研究和试验发展行业在数字化赋能方面可能更加注重人才培养和团队建设，拥有更多具备数字化素养和

专业技能的人才，为数字化转型提供了有力的人才保障。

相比之下，专业技术服务业在数字化赋能成效方面排名最后，可能面临着一些挑战和限制。例如，该行业可能对于数字化技术的认知和应用程度相对较低，缺乏足够的创新能力和实践经验；同时，在数字化人才储备、资金投入等方面也可能存在不足。为了提升专业技术服务业的数字化赋能成效，该行业应加大数字化技术的研发和应用力度，提升行业整体的数字化水平。同时，加强人才培养和团队建设，引进更多具备数字化素养和专业技能的人才，为数字化转型提供有力支撑。此外，政府和社会各界也应给予该行业更多的关注和支持，推动其数字化转型进程。

三、制造业企业与非制造业企业数字化赋能成效评价

将493家北京市专精特新企业分为135家制造业企业和358家非制造业企业。按照前文构建的指标评价体系，计算了各项数字化赋能成效指标权重以及制造业企业与非制造业企业的数字化赋能成效排名，如表5-18所示。其中，提高了市场响应速度的权重系数最高，所占比例为10.52%，这显示了在当前数字化浪潮下，市场响应速度的提升对于企业整体竞争力的增强具有至关重要的作用。

表5-18　基于熵值法的制造业与非制造业数字化赋能成效指标权重

评价项目	信息熵值 e	权重系数 w
提高了市场响应速度	0.9973	10.52%
促进了商业模式创新	0.9974	10.16%
新产品开发速度加快	0.9975	9.84%

续表

评价项目	信息熵值 e	权重系数 w
新产品研发能力提升	0.9979	8.46%
提高了技术创新能力	0.9980	7.99%
降低了销售成本	0.9983	6.85%
提高了存货周转率	0.9984	6.47%
降低了管理费用	0.9984	6.44%
提高了销售利润率	0.9985	5.77%
提高了客户满意度	0.9986	5.55%
提高了管理效率	0.9988	4.90%
降低了人力成本	0.9989	4.18%
提高了营业收入	0.9990	4.01%
项目/产品交付效率提升	0.9990	3.93%
提高了劳动生产率	0.9992	3.07%
改进了产品质量	0.9996	1.49%
降低了生产成本	0.9999	0.29%
提高了产品良品率	1.0000	0.05%

在成本降低层面，降低了销售成本的权重系数较高，降低了人力成本的权重系数较低，这可能意味着企业在人力资源管理和数字化技术应用方面还存在一定的不足，需要进一步加强。

在效率提升层面，提高了存货周转率的权重系数较高，这意味着数字化技术的应用能够有效加速企业存货的周转，提高资产运营效率。

在效益增长层面，提高了销售利润率的权重系数较高，这充分显示了数字化技术对于企业盈利能力提升的重要性。提高了营业收入的权重系数较低，这可能与数字化赋能更多关注成本优化和效率提升，而相对较少关注直接提升营业收入有关。

在创新发展层面，提高了市场响应速度的权重系数最高，这进一步强调了市场响应速度在数字化时代的重要性。提高了技术创新能力的权重系数较低，这可能表明尽管数字化技术在多个方面带来了成效，但在推动技术创新能力提升方面仍然有所不足。

通过 TOPSIS 法计算出正理想解距离、负理想解距离和相对接近度，并进行排序，如表 5-19 所示，非制造业数字化赋能成效优于制造业数字化赋能成效。原因主要在于：一是非制造业可能更加灵活地应用数字化技术，以适应快速变化的市场需求。非制造业涵盖的领域广泛，包括服务业、金融业、信息技术等，这些领域往往能够迅速吸收和应用最新的数字化技术，从而提升业务效率和创新能力。二是非制造业在数字化转型过程中可能更加注重用户体验和服务质量的提升。通过数字化手段，非制造业能够优化服务流程、提升服务效率，为消费者提供更加便捷、高效的服务体验。三是非制造业还可能拥有更加丰富的数字化应用场景和商业模式。例如，在金融服务、电子商务等领域，数字化技术能够创造出更多的业务机会和增值服务，推动非制造业的快速发展。

表 5-19 基于 TOPSIS 法的制造业与非制造业数字化赋能成效计算结果

所处行业	正理想解距离 D	负理想解距离 D-	相对接近度 C	排序结果
非制造业	0.022	0.110	0.835	1
制造业	0.110	0.022	0.165	2

相比之下，制造业在数字化赋能成效方面低于非制造业，这可能与制造业在数字化转型过程中面临的一些挑战有关，如技术更新速度较慢、生产流程复杂、员工技能提升难度大等。为了提升制造业的数字化赋能成效，制造业企业需要加大投入力度，加强数字化技术的研发和应用，优化生产流程和管理模式，提升员

工的数字化素养和技能水平。同时,政府和社会各界也应给予制造业更多的支持和关注,推动制造业与数字化技术的深度融合,实现高质量发展。

四、不同发展阶段企业数字化赋能成效评价

将493家北京市专精特新企业分为40家成立年限小于等于5年的企业、194家成立年限大于5年小于等于10年的企业和259家成立年限大于10年的企业。按照前文构建的指标评价体系,计算各项数字化赋能成效指标权重以及不同企业年龄阶段数字化赋能成效排名,如表5-20所示。其中,改进了产品质量的权重系数最高,所占比例为12.74%,这显示了无论是年轻企业还是成熟企业,产品质量改进始终是数字化赋能的重点关注领域。通过数字化手段,企业能够更有效地监控生产过程,优化产品设计,从而显著提升产品质量。

表5-20 基于熵值法的不同发展阶段企业数字化赋能成效指标权重

评价项目	信息熵值 e	权重系数 w
改进了产品质量	0.9995	12.74%
促进了商业模式创新	0.9996	10.90%
提高了技术创新能力	0.9996	9.42%
新产品研发能力提升	0.9997	8.10%
新产品开发速度加快	0.9997	7.66%
提高了存货周转率	0.9997	7.18%
降低了管理费用	0.9997	6.81%
降低了人力成本	0.9998	6.28%
提高了销售利润率	0.9998	4.48%

续表

评价项目	信息熵值 e	权重系数 w
提高了产品良品率	0.9998	4.20%
提高了营业收入	0.9998	4.10%
提高了劳动生产率	0.9998	3.91%
提高了市场响应速度	0.9999	3.71%
提高了管理效率	0.9999	3.61%
降低了销售成本	0.9999	3.03%
项目/产品交付效率提升	0.9999	2.48%
降低了生产成本	1.0000	0.72%
提高了客户满意度	1.0000	0.65%

成本降低层面，降低了管理费用的权重系数最高，这反映出数字化技术在优化管理流程、减少管理成本方面的显著作用。通过数字化工具和系统，企业可以更加高效地管理内部资源，降低不必要的开支。

效率提升层面，提高了存货周转率的权重系数最高，这表明数字化技术在帮助企业优化库存管理、提高资产周转率方面发挥了重要作用。

效益增长层面，改进了产品质量的权重系数最高，这再次强调了产品质量对于企业效益的重要性。

创新发展层面，促进了商业模式创新的权重系数最高，这表明数字化技术为企业带来了商业模式的创新机会，有助于企业打破传统模式，探索新的增长路径。

通过 TOPSIS 法计算出正理想解距离、负理想解距离和相对接近度，并进行排序，如表 5-21 所示，成立年限大于 5 年小于等于 10 年的企业在数字化赋能成效方面排名第一，成立年限小于等于

5年的企业在数字化赋能成效方面排名第二，成立年限大于10年的企业数字化赋能成效方面排名第三。

表 5-21　基于 TOPSIS 法的不同发展阶段数字化赋能成效计算结果

企业成立年限	正理想解距离 D	负理想解距离 D-	相对接近度 C	排序结果
大于5年小于等于10年	0.016	0.069	0.812	1
小于等于5年	0.051	0.038	0.428	2
大于10年	0.060	0.021	0.260	3

对于成立年限大于5年小于等于10年的企业而言，其数字化赋能成效排名第一的优势可能在于以下几个方面：一是这类企业通常已经积累了一定的经营经验和资源，能够更好地支撑数字化转型的实施；二是它们可能正处于快速发展的阶段，对于数字化技术的需求和应用更为迫切，因此能够更加积极地投入数字化建设；三是这类企业可能更加注重创新和效率提升，通过数字化手段优化业务流程、提升管理效率，从而获得了更好的赋能效果。

成立年限小于等于5年的企业排名第二，这说明这些年轻企业在数字化赋能方面也有不错的表现。这些企业可能更加灵活、富有创新精神，能够迅速适应数字化技术的变化和应用。同时，由于处于初创或成长阶段，它们可能更加注重数字化技术的应用以提升竞争力，因此也取得了相对较好的成效。

然而，成立年限大于10年的企业在数字化赋能成效方面排名第三，这可能意味着这些企业在数字化转型过程中面临一些挑战。这些企业可能由于历史包袱较重、体制机制不够灵活等，导致数字化转型的推进相对缓慢。此外，长期形成的传统业务模式和思维方式也可能对数字化技术的应用产生一定的阻碍。

第8节 主要结论

一、北京市专精特新企业数字化赋能总体成效显著

在业务环节上，数字化赋能主要体现在研发设计、经营管理、数据安全、营销销售等环节；在赋能成效的描述性统计方面，我们针对成本降低、效率提升、效益增长以及创新发展四个维度进行了深入分析。从总体效果看，得分最高的是创新发展维度，这说明数字化赋能在促进企业创新方面取得了显著成效。

在成本降低维度，大多数企业在实施数字化赋能后，实现了成本的有效控制，数字化在降低了人力成本和降低了管理费用两个方面成效较为突出；在效率提升维度，数字化赋能显著提升了企业的运营效率，数字化在管理效率、劳动生产率以及项目/产品交付效率三方面成效较为突出；在效益增长维度，数字化赋能为企业带来了明显的经济效益，提升了企业的盈利能力和市场竞争力，数字化在提高了客户满意度方面成效突出；在创新发展维度，数字化赋能推动了企业的创新活动，促进了新产品、新技术的研发和应用，数字化在提高了技术创新能力、新产品开发速度加快、新产品研发能力提升、提高了市场响应速度等方面成效较为突出。

二、制造业企业和非制造业企业数字化赋能成效存在差异

通过对比制造业企业和非制造业企业在四个维度上的总体效果，结果显示，无论是制造业企业还是非制造业企业，数字化赋能都带来了积极的影响。然而，由于领域属性和业务特点的不同，制造业企业和非制造业企业在赋能成效的具体表现上存在一定的差异。从总体成效来看，现阶段非制造业数字化赋能成效优于制造业。从差异性来看，制造业企业在成本降低和效率提升方面效果更为显著，而非制造业企业在创新发展和成本降低方面表现更为突出。

分维度看，无论是制造业还是非制造业，在成本降低维度，主要体现在降低了人力成本和降低了管理费用两个方面。在效率提升维度，非制造业企业在赋能效果中，主要体现在管理效率、劳动生产率、项目/产品交付效率三方面，制造业企业主要体现在管理效率、劳动生产率、项目/产品交付效率、产品良品率四方面；在效益增长维度，非制造业企业主要体现在提高了客户满意度、改进了产品质量、提高了营业收入三方面，制造业企业主要体现在提高了客户满意度和改进了产品质量两方面；在创新发展维度，非制造业企业主要体现在提高了技术创新能力、新产品研发能力提升、新产品开发速度加快、提高了市场相应速度、促进了商业模式创新五方面，制造业企业主要体现在提高了技术创新能力、新产品研发能力提升、新产品开发速度加快三方面。

三、不同发展阶段企业数字化赋能成效存在差异

不同成立年限的企业在四个维度上的总体效果各有特点。年

轻企业注重创新发展，但效益增长相对较慢；成长中的企业在保持创新的同时，逐渐提升效益；而成熟企业虽然创新活力相对较弱，但在成本控制和效率提升方面可能更具优势。这些差异为企业制定发展战略和规划提供了有益的参考。

从总体成效来看，成立年限大于5年且小于等于10年的处于成长期的企业在四个维度上数字化赋能成效都高于其他成长阶段企业，可能得益于企业发展需求和创新意识；成立年限小于等于5年的初创期企业排名第二，展现出了其灵活性和创新精神；成立年限大于10年的企业排名第三，说明成熟期企业在数字化转型中需克服组织惯性和路径依赖。

从差异性来看，对于处于初创期和成长期的企业，四个维度中平均值最高的为创新发展，说明数字化赋能在促进创新发展方面取得了显著成效。对于处于成熟期的企业，四个维度中平均值最高的为成本降低和创新发展，这表明对于成立年限长的企业而言，除了创新发展，数字化赋能在企业成本降低方面发挥了显著作用。

四、不同细分行业数字化赋能成效存在差异

通过对493家北京市专精特新企业按细分行业进行划分，并选取具有10家以上企业的细分行业进行统计分析，通过TOPSIS法进行排序发现，研究和试验发展、软件和信息技术服务业、专用设备制造业在数字化赋能成效方面排名前三。研究和试验发展行业因创新能力强、数字化技术应用广泛而领先；软件和信息技术服务业作为数字化原生企业，本身具有较高的数字化水平，数

字化赋能成效显著，专业设备制造业具有生产复杂、产品多样、非标程度高的特点，通过智能制造和数字化车间等，数字化可以有效赋能制造业降本增效。

第9节 实践启示

一、提升企业数字化转型意识

提升数字化赋能意识对于推动北京市专精特新企业的数字化转型具有至关重要的意义。在当前数字经济蓬勃发展的背景下，政府应当积极发挥引导和支持作用，以多种方式提升企业和公众对数字化赋能的认识和重视。

政府应加大宣传力度，通过官方媒体、网络平台等渠道，广泛传播数字化转型的成功案例、先进经验以及数字化赋能对企业发展的深远影响。通过具体案例的展示，让企业深刻认识到数字化转型不仅是技术层面的革新，更是企业转型升级、提升竞争力的必由之路。

政府应鼓励行业协会、商会等组织积极发挥作用，举办各类数字化转型研讨会、培训班等活动。这些活动可以邀请行业专家、学者、企业家等进行深入交流和探讨，分享数字化转型的最新动态、前沿技术和实践经验。通过这样的交流平台，不仅可以提升企业管理层的数字化素养，还能促进企业之间的合作与交流，共同推动数字化转型的深入发展。同时，政府还可以建立数字化赋能的咨询服务体系，为企业提供专业的数字化转型咨询和解决方案，帮助企业解决在数字化转型过程中遇到的技术难题和管理问题。

二、对于不同行业的针对性数字化转型策略

政府应聚焦在促进制造业企业和非制造业企业根据自身特点有针对性地实施数字化转型策略。对于制造业企业，应持续推动数字化技术在成本控制、效率提升和商业模式创新方面的应用，同时加强管理效率和客户满意度的提升。对于非制造业企业，应鼓励利用数字化技术优化库存管理和提高资产流动性，同时强化在人力资源管理、自动化替代以及客户关系管理和个性化服务方面的数字化投入。此外，政府应提供财政支持、技术指导和培训资源，以助力两类企业共同提升技术创新能力，进而增强企业的经济效益和市场竞争力。

三、对于不同发展阶段企业的针对性数字化转型策略

政府要聚焦于不同发展阶段企业的数字化赋能策略。对于初创期企业，应着重鼓励其利用数字化技术驱动创新发展，同时提供市场认可和扩大规模的扶持政策，以加快效益增长。对成长期企业，应引导其平衡创新与效益提升，数字化赋能应支持其持续创新和效益的稳步增长。对于成熟期企业，数字化赋能应强化其在成本控制和效率提升方面的优势，同时鼓励其通过数字化手段加强产品质量管理和客户关系管理，以提升客户满意度。不论企业处于哪个发展阶段，政府都应支持企业利用数字化技术优化经

营管理，并推动企业加强管理层面的数字化应用。此外，还应加强企业在商业模式创新方面的数字化赋能，以探索新的市场机会和盈利途径，提升企业整体的市场竞争力。

四、对于不同细分行业的针对性数字化转型策略

不同细分行业的数字化赋能策略需因行业而异。针对软件和信息技术服务业，应持续推动数字化技术的广泛应用，以提升服务效率和质量。科技推广和应用服务业需强化技术创新，结合数字化手段提升研发能力和项目交付率。互联网和相关服务行业应专注于数字化平台的建设，优化在线服务体验，增强用户黏性。研究和试验发展、软件和信息技术服务业、专用设备制造业等数字化赋能成效显著的领域，应持续深化数字化转型，通过数字化赋能企业创新能力提升，巩固并扩大优势。而表现相对较弱的专业技术服务业，应加大数字化技术应用和人才培养力度，以提升行业竞争力。政府应针对不同领域的特点和需求，提供相应的政策支持和引导。

本章主要参考文献

[1] Paul P, Claudia L. Returns on digitisation in SMEs—a systematic literature review[J]. Journal of Small Business Entrepreneurship, 2023, 35（4）: 574-598.

[2] 蒋越, 王新凯, 陈毅莹. 基于熵权-TOPSIS法的我国智能制造装备上市企业技术创新能力评价[J]. 河南科学, 2024, 42（2）: 298-305.

[3] 刘淑春，金洁. 数字化重塑专精特新企业价值创造力——理论、机理、模式及路径 [J]. 财经问题研究，2023（11）：3-14.

[4] 张远记，韩存. 企业数字化转型、技术创新与市场价值——来自"专精特新"上市企业的经验证据 [J]. 统计与决策，2023，39（14）：163-167.

[5] 郭彤梅，李倩云，张玥，等. 专精特新企业数字化转型与创新绩效的关系研究 [J]. 技术经济，2023，42（5）：68-78.

[6] 余澳，张羽丰，刘勇. "专精特新"中小企业数字化转型关键影响因素识别研究——基于1625家"专精特新"中小企业的调查 [J]. 经济纵横，2023（4）：79-89.

[7] 朱小艳. "专精特新"企业数字化转型：现实意义、制约因素与推进策略 [J]. 企业经济，2023，42（1）：53-59.

[8] 周孝. 企业数字化转型的成效、障碍与政策诉求——基于微观调查数据的分析 [J]. 财政科学，2022（11）：104-118.

[9] 陈楠，蔡跃洲，马晔风. 制造业数字化转型动机、模式与成效——基于典型案例和问卷调查的实证分析 [J]. 改革，2022（11）：37-53

[10] 刘雷，陈婧. 数字赋能"专精特新"中小企业发展的若干问题探究 [J]. 中国管理信息化，2023，26（2）：126-128.

[11] 艾瑞市场咨询有限公司. 中小企业高质量发展洞察"专精特新"企业发展研究报告 [R]. 2022-11.

[12] 宋晓云，卢新生，洪业应. 数字经济赋能商贸流通企业"专精特新"发展的机理与政策建议 [J]. 商业经济研究，2023（14）：138-143.

[13] 叶永卫，李鑫，郭飞，等. 数字化转型与企业经营成本变动 [J]. 世界经济文汇，2023（2）：70-90.

[14] 汤宝林，梁崇斌. 数字化转型背景下制造企业成本管控研究 [J]. 建筑机

械，2023（7）：18-20.

[15] 刘畅，潘慧峰，李珮，等. 数字化转型对制造业企业绿色创新效率的影响和机制研究 [J]. 中国软科学，2023（4）：121-129.

[16] 吕可夫，于明洋，阮永平. 企业数字化转型与资源配置效率 [J]. 科研管理，2023，44（8）：11-20.

[17] 郑季良，谷隆迪. 装备制造业数字化转型、服务化水平与企业效益——基于2445家企业数据的实证研究 [J]. 科技和产业，2021，21（5）：1-10.

[18] 黄隽，宋文欣. 数字化转型、企业生命周期与突破性创新——来自中国上市公司的经验证据 [J]. 上海经济研究，2023（1）：48-69.

[19] 徐向龙. 数字化转型与制造企业技术创新 [J]. 工业技术经济，2022，41（6）：18-25.

[20] 刘雷，陈婧. 数字赋能"专精特新"中小企业发展的若干问题探究 [J]. 中国管理信息化，2023，26（2）：126-128.

[21] 张翼，罗萍. 数字技术对中小企业"专精特新"发展的赋能机制研究 [J]. 改革与开放，2022（24）：63-72.

第6章

国内典型省市推进中小企业数字化转型的政策举措

为进一步推进北京市中小企业数字化转型进程，本章梳理总结了上海、浙江、江苏、广东、山东、重庆等地推进中小企业数字化转型的政策举措和经验做法，进一步归纳出各地政策的共性，从而为北京市推进中小企业数字化转型提供参考借鉴。

第1节 上海市：支持专精特新中小企业数字化转型

一、上海市小企业数字化转型概况

上海市把全面数字化转型视为塑造未来城市核心竞争力的关键之举，率先提出城市数字化转型，也出台了一系列政策措施，鼓励和支持中小企业数字化转型。上海市发布的《上海市促进中小企业发展条例》中明确提出，要支持中小企业数字化转型，提高中小企业信息化应用水平。早在2019年上海市中小企业办、中小企业服务中心就在上海市中小企业发展专项资金中率先尝试启动了"企业上云"和"数字化赋能"项目，每年通过众多数字化服务平台辐射带动上千家中小企业实施数字化转型提升。

2021年上海市委、市政府发布《关于全面推进上海城市数字化转型的意见》后，上海市先后出台《推进上海经济数字化转型 赋能高质量发展行动方案（2021—2023年）》《上海市制造业数字化转型实施方案》《上海市推进商业数字化转型实施方案（2021—2023年）》《上海市促进城市数字化转型的若干政策措施》等文件，从城市、产业和企业不同方面提出了推进数字化转型的举措。

2023年5月上海市服务企业联席会议办公室印发《上海市助力中小微企业稳增长调结构强能力若干措施》，从加大数字能力供给、加强平台服务赋能、实施中小企业数字化转型专项行动三方面助力中小企业数字化转型。在此基础上，目前上海市正在研究制定中小企业数字化转型三年行动方案。

根据上海市经信委数据，上海市累计培育30个有影响力的工业互联网平台，链接120万家企业、861万台工业设备、153万个工业数据集，汇聚108万开发者，涌现5万多个工业APP，带动了21万家中小企业上平台，平台普及率达25.24%，稳居全国第一梯队；建设运营工业互联网标识解析国家顶级节点（上海），接入二级节点84个、企业15.9万家，联动长三角打造全国首个工业互联网一体化发展示范区和新型工业化产业示范基地；累计建成100家市级智能工厂，生产效率平均提升50%以上。

二、主要经验做法

1. 普及数字化转型知识，提升企业数字化转型意识

为向中小企业普及数字化系统及转型相关入门知识、提升企业各环节对数字化的认知，上海市编制了《中小企业数字化转型加速指引》《数字化转型百问百答》《数字化典型案例和应用场景汇编》，普及宣传数字化转型知识。在上海企业服务公众号开辟"数智园地"专辑，向中小企业介绍中小企业数字化转型典型案例，并与华为、鼎捷、金蝶等数字化生态头部企业共同开展多场线上直播活动，推动企业看样学样，提升转型意识。

2. 聚焦重点群体，推进专精特新优质中小企业数字化转型

上海市以专精特新企业为重点，开展数字化诊断评估，支持管理数字化转型和生产智能化升级，推动上云用云，打造细分行业转型样本，激发数字化转型新模式新业态。联合华为、百度等头部企业举办"专精特新企业数字化转型加速营活动"，打造"专精特新"中小企业数字化转型生态服务联盟，通过专家授课、标杆深度参访、案例解析、专家咨询等形式，聚焦企业数字化转型的难点和瓶颈，把脉问诊、指明方向、连接资源、创新协同、提质增效。与复旦大学合作创办"上海市专精特新企业数字化转型高级研修班"，研修班通过数字化转型能力测评诊断、课堂教学、实践研修等方式帮助企业打造数字化转型全通路发展的综合性人才培养体系，有45位专精特新企业数字化技术高管参加培训。

3. 加强服务平台建设，完善中小企业数字化转型公共服务体系

举办中小企业数字化转型服务推进周，打造数字化服务专员队伍和服务联合体。为了帮助中小企业顺利转型，上海市中小企业服务中心通过服务云平台汇聚上线206项数字化转型公共服务及1178项专业服务，全方面赋能中小企业数字化转型。累计举办中小企业数字化转型加速营五场，覆盖近200家次专精特新小巨人等企业；线上线下累计举办了近30场各类活动，累计参加企业超2000家次，辐射企业超10万家次；利用上海市用于支持中小企业数字化转型的专项扶持资金超过2000万元，辐射带动提升了超2000家中小企业的数字化能力水平。

4. 加大数字能力供给，促进供需对接

发布制造业数字化转型专业服务商、创新产品及工业软件推荐目录，鼓励相关国企和财政专项支持企业优先使用，加大对于民营中小企业服务商的产品采购力度。发布工业互联网专业服务商推荐目录，2023年培育不少于20个细分领域专业服务商，推动25万家中小企业上平台上云。对中小企业与数字化服务商签订的服务合同给予不超过合同金额30%的支持。支持中小企业使用线上会议软件、工业软件等"小快轻准"数字化解决方案和产品。实施智评券、算力券等，支持中小企业购买智能工厂诊断咨询及人工智能算力等服务。

5. 完善人才体系，加强数字化人才培训

推动高校、培训机构等建设数字化转型人才培训基地，开展覆盖中小企业决策层、管理层、执行层的数字化转型培训。建设

"工赋学院",面向重点企业开展高管轮训。支持开展中小企业数字化人才职业技能培训和职业技能等级认定。

第 2 节 浙江省：学样仿样推进集群数字化转型

一、浙江省中小企业数字化转型概况

产业集群和中小企业是浙江省制造业特色和优势所在。浙江省全省 5.4 万余家规上企业中，90% 是民营企业，99% 左右是中小微企业，中小企业和产业集群总产出在工业经济中占据约 3/4 和 1/2 的份额。集群的数字化转型是制造业高质量发展的突破口，也是推动中小企业数字化转型的着力点。浙江省通过开展工业细分行业同规模企业"学样仿样批量式推广"，创造了破解工业中小企业数字化转型难题的"浙江方案"。

推进细分行业中小企业的数字化转型，需要打造出让同行业、同类型、同规模中小企业认可的、自觉自愿学习仿照的高质量企业数字化改造示范样本，这是决定细分行业中小企业数字化实现批量式改造的关键。2022 年，经浙江省智能制造专家委员会（简称浙智专委）指导，通过开展工业细分行业同规模企业"学样仿样批量式推广"，衢州江山、金华兰溪、金华永康等分别在木门、纺织、电动工具行业基本实现了规上企业数改全覆盖。

2021 年，浙江省制定了《中小企业数字化赋能行动方案（2021—2023 年）》，旨在全面推进中小企业数字化转型，促进制造业的高

质量发展，方案提出了完善"企业主导+政府引导+金融助推+智库服务"的中小企业数字化转型工作机制；2022年，浙江省还发布了专门针对细分行业的中小企业数字化改造行动方案，提出了具体的工作目标、任务和保障措施，以实现到2025年重点细分行业中小企业数字化改造的全覆盖。方案提出，到2025年，浙江省力争建设一批应用样本，按照"一县一业一样本"的总体要求，建设数字化改造县域样本30个、企业样本100家。培育重点数字化服务商300家以上，其中数字化总承包商50家以上。打造一批行业工业互联网平台，围绕"一行业一平台"的目标，打造细分行业工业互联网平台、行业产业大脑各50个以上，使浙江省中小企业数字化改造工作走在全国前列。

二、主要经验做法

浙江省促进中小企业数字化转型升级的做法可以简要概括为以下五部分。

1. 聚焦产业集群，遴选数字化总承包商

聚焦"415"产业集群（4个世界级产业集群，15个优势产业集群）和17个重点传统制造业行业，重点围绕中小企业集聚、产业规模超百亿元的产业集群，发布中小企业数字化改造细分行业目录。以"专精特新"中小企业为重点，精选数字化改造试点企业，遴选数字化总承包商，厘清数字化改造清单，编制数字化改造实施方案。

2. 瞄准细分行业需求，打造数字化应用场景

根据细分行业共性和企业个性需求，推进"N+X"改造模式，开发集成优秀应用场景。推动产业链、流通链数据协同，确保企

业研发、生产、物流、管理、服务等各环节的数据互联互通，实现生产业务流程优化和精细化管控，打造一批数字化车间、数字化工厂。

3. 打造数字化改造企业样本，加强应用样本复制推广

打造数字化改造企业样本，建设数字化改造县域样本。加快全行业"看样学样"。打造细分行业工业互联网平台和产业大脑，以线下企业端轻量化改造与线上云化服务相结合的方式，快速推动中小企业数字化改造，依托"1+N"工业互联网平台体系和行业产业大脑等，实现与产业链、创新链、供应链、价值链的链接和上下游协同。

4. 探索数字化改造市场机制

推广数字化工程总承包制，鼓励实行一家牵头总承包、数家参与联合分包的模式。推行数字化改造工程合同示范文本（合同范本）制。建立数字化改造工程监理验收制，探索建立第三方监理机制，加强对工程质量的把控。建立数字化改造第三方全程参与机制。

5. 加强资金支持，强化数字化转型保障措施

配套年度规模5亿元的省中小企业发展专项资金，重点支持包括中小微企业数字化改造在内的提升创新能力及专业化水平项目、完善中小微企业服务体系建设。切块下达市、县（市、区）的省中小企业发展专项资金，由各地采取财政补贴、贷款贴息、融资担保降费等方式因地制宜支持中小微企业数字化改造等项目。建立组织实施机制，浙江省数字经济发展领导小组统筹推进全省细分行业中小企业数字化改造工作，协调解决重大问题。

第3节　江苏省：系统推进中小企业"智改数转"

一、江苏省中小企业数字化转型概况

江苏省作为经济大省，制造业规模位居全国前列，传统产业占比较高，中小企业工作一直走在全国前列。2021年12月30日，江苏省政府出台《江苏省制造业智能化改造和数字化转型三年行动计划（2022—2024年）》，聚焦省重点先进制造业集群和重点产业链，大力实施"十大工程"，加快推动龙头骨干企业、中小企业、产业链"智改数转"，夯实工业互联网平台、工业软件、智能硬件和装备、网络设施及安全等基础支撑，加大优秀服务商培育和典型案例推广应用力度，推动"智改数转"各项任务加快落地落实。

2022年，江苏省印发《关于全面提升江苏数字经济发展水平的指导意见》，重点任务中包括加快制造业数字化转型，推动服务业数字化发展。到2025年，数字经济发展水平位居全国前列，制造业数字化转型全国示范，服务业数字化国内领先。

2022年，江苏省两化融合发展指数水平达到66.4，比全国平均水平高出11.4%，连续8年位居全国第一。3万余家工业企业启动了智能化改造和数字化转型工作，有1万余家企业完成改造任务，涌现出一批国家级和省级智能工厂、智能车间、工业互联网标杆工厂和5G全连接工厂。2023年，江苏省围绕打造数实融合

第一省的目标，大力推进产业数字化和数字产业化，通过抓关键、建示范、强基础，以大规模实施企业智能化改造和数字化转型。

二、主要经验做法

江苏省促进中小企业数字化转型升级的经验做法可以简要概括为以下部分。

1. 实施中小企业"智改数转"推进工程

依托"e企云"等平台，加快建设江苏省中小企业"智改数转"云服务平台。通过政府采购，省、市、县对规上中小工业企业协同开展智能制造免费诊断服务，推行智能制造顾问制度，帮助企业提供解决方案。预计到2024年底，全省中小企业"智改数转"云服务平台汇聚资源500家以上。制定"上云用平台"产品目录，每年重点培育1000家星级上云企业。

2. 开展政策业务宣传，让中小企业"愿转"

提炼"智改数转"经验做法，广泛宣传制造业智能化改造和数字化转型的政策措施和典型案例，支持社会机构组织举办多种形式的"走进标杆企业"参观交流活动，每年征集和遴选100个应用场景、100个实践案例。

3. 构建综合服务体系，让中小企业"会转"

江苏省重点建好"一平台"、推行"顾问制"、开展"全诊断"，即建设全省中小企业智能化改造和数字化转型云服务平台，推行专精特新企业智能制造顾问制度，通过政府购买服务，在省内选择优秀服务商为企业提供"智改数转"免费诊断服务。此外，江苏省中小企业发展中心还从全国范围内筛选优质管理咨询机构专家团队,"点对点"免费为企业"把脉问诊",帮助企业找准信息化改造、数字化运用及运营管理问题和发展瓶颈,以定制化的解决方案推动企业加快智能化数字化技术改造。还利用产业链上下游企业现场学习会、供需对接活动,依托应用创新体验(推广)中心举办展示与业务培训等,为企业提供全方位、实景化指导。

4. 强化资金要素支持,让中小企业"敢转"

江苏省对"智改数转"企业和服务商同时给予支持。资金方面,省财政每年至少安排12亿元专项资金,采取贷款贴息、投资补助等方式支持企业开展智能化改造和数字化转型项目,政府遴选优秀转型企业给予奖励。对认定为"智改数转"标杆示范的项目按不超过项目总投入的10%予以补助,单个项目支持额度最高不超过2000万元;融资方面,与省内主要金融机构合作,持续推出支持企业智能化改造和数字化转型的中长期贷款、融资租赁等多样性系列化金融产品。

5. 培育链主企业,推动产业链数字化转型

发挥南京、无锡、苏州、常州等地集成电路、新型显示、智能装备等产业优势,培育一批生态主导型产业链"链主"企业。带动上下游企业数字化协作,培育数字化产业生态。支持"链主"企业基于产业链协作平台开展协同采购、协同制造、协同销售和协同配送等应用,提高产业链协作效率。支持"链主"企业推行数字化交付,带动上下游企业数字化协作和精准对接,培育数字化产业生态。到2024年底,建成重点产业链协作平台10个。

6. 加强服务商培育和供需对接

遴选建立全省"智改数转"生态资源池。发挥企业主体作用,

支持制造业龙头企业剥离"智改数转"业务部门成立独立法人。鼓励引进优秀服务商，对考核优秀的服务商给予支持。分行业召开供需对接会，将过去企业找服务变成服务找企业，政府去对接近千家的资源服务商和专业的大院大所，来帮助企业攻关一些关键的技术，以及研发通用的解决方案。

第4节 广东省：龙头企业牵引链式转型

一、广东省中小企业数字化转型概况

广东是民营经济大省，也是中小企业大省。95%的民营企业是中小企业，中小企业超过630万户。龙头企业示范引领、中小企业跟上，"大鱼带小鱼"是广东省推动中小微企业数字化转型的方式。截至2023年5月，广东省累计培育300多个制造业数字化和工业互联网标杆示范，其中100多个项目入选各类国家级标杆示范，累计推动2.5万家规模以上工业企业数字化转型，带动超过70万家中小企业降本提质增效，成为首批2个国家级工业互联网示范区之一。

2021年6月30日，广东省人民政府印发《广东省制造业数字化转型实施方案（2021—2025年）》和《广东省制造业数字化转型若干政策措施》。文件聚焦10个战略性支柱产业集群和10个战略性新兴产业集群，以行业龙头骨干企业、中小型制造企业、产业园和产业集聚区、产业链供应链的数字化转型为切入点，夯实

工业软件、智能硬件及装备、平台、网络、安全等基础支撑，以应用拉动相关产业发展，培育壮大新模式新业态。下一步，广东省将实施产业集群数字化转型工程，按行业龙头制造企业牵引和第三方数字化服务商牵头等两类路径，引导制造企业进行数字化转型升级。

2023年，广东省开始省级中小企业数字化转型城市试点工作，广州、珠海、汕头、佛山、韶关、梅州、惠州、东莞、中山、江门、湛江、茂名、肇庆、揭阳等14个地市入选省级中小企业数字化转型城市试点。广东省将支持试点城市聚焦细分行业，推动中小企业的设计、制造、销售、服务、管理、安全等各环节数字化升级，实现链式高效转型。

二、主要经验做法

广东省数字化转型经验主要包括如下五点。

1.推动行业龙头骨干企业集成应用创新

"一企一策"推动行业龙头骨干企业开展集成应用创新，进一步加强数字化顶层设计，推动生产设备与信息系统的全面互联互通，促进研发设计、生产制造、经营管理等业务流程优化升级。广东省大力支持行业龙头企业搭建互联网平台，来整合产业链供应链的资源，集聚一批面向中小企业的数字化服务商，培育推广一批符合中小企业需求的数字化平台、系统解决方案、产品和服务。

2.推动中小型制造企业数字化普及应用

"一行一策"推动中小型制造企业加快数字化普及应用，加快"上云上平台"，融入产业链供应链。分行业制定中小型制造企业"上云上平台"产品目录，推动企业应用低成本、快部署、易运维的工业互联网解决方案，加快工业设备和业务系统"上云上平台"。

3. 推动产业园和产业集聚区数字化转型

"一园一策"推动产业园和产业集聚区加快数字化转型，支持平台企业、基础电信运营企业、制造业数字化转型服务商等组建联合体，面向产业园、产业集聚区企业，实施内外网升级和数字化改造，打通数据链、创新链、产业链，推动园区产业链企业整体数字化升级。

4. 推动产业链供应链数字化升级

聚焦20个支柱产业集群和新兴产业集群，"一链一策"推动重点行业产业链供应链加快数字化升级，支持"链主"企业、第三方机构等应用新一代信息技术打通产业链供应链，加快推进商业模式创新，构建工业互联网平台生态，基于平台开展协同采购、协同制造、协同配送等应用，赋能产业链供应链相关企业协同发展。对产业链较为完善、集聚效应明显的行业，以政府购买服务、专项补助等方式，支持平台企业为中小微企业提供超过400项价廉质优的数字化转型服务产品。

5. 夯实五大基础支撑

推动工业软件攻关及应用，发展智能硬件及装备，完善数字化基础设施，构建数字化安全体系，加强网络安全产业供给，支持中小型制造企业"安全上云"。支持龙头骨干企业建设安全公共服务平台，为中小型制造企业提供网络安全技术服务。

第5节　山东省：强企业、强行业、强区域、强链条

一、山东省中小企业数字化转型概况

近年来，山东省持续健全数字经济发展政策体系和推进机制，成立由分管副省长任组长、涵盖12个省直部门的数字经济发展联席会议机制，建立数字经济办公室，构建数字经济发展"1+N"的政策体系，完善法规标准体系，将数字经济核心产业关键指标纳入全省高质量发展综合绩效考核体系，为中小企业数字化转型持续稳固基础、营造有利局面。

2022年10月，山东省出台《山东省制造业数字化转型行动方案（2022—2025年）》，突出企业转型主体作用，提出将聚焦强企业、强行业、强区域、强链条"四强"重点任务，实施"一软、一硬、一网、一云、一平台、一安全、一融合"七大支撑行动，力争到2025年，全省制造业数字化水平明显提升。

2022年，山东省两化融合发展指数达到117.1，居全国第二；产业数字化指数80.3，居全国首位。2022年1—11月，实施500万元以上技改项目12395个，培育省级数字经济重点项目523个，制造业数字化效益规模为7877亿元，居全国第三。

二、主要经验做法

山东省促进中小企业数字化转型升级重点及经验概括为如下

六点。

1. 强企业

强化龙头企业引领带动，加快中小企业上云用数。鼓励中小企业应用轻量化、易部署的云化软件产品和解决方案，加快研发设计、生产制造、经营管理等业务系统向云端迁移。健全"1+3+N+X"的"工业云"服务体系，分行业制定数字化转型产品目录，加速推进中小企业数字化普及应用。完善数字化转型服务体系，打造数字化转型服务生态。

2. 强行业

重点支持石化、钢铁、有色、建材等原材料行业，汽车、工程机械、轨道交通装备、船舶等装备制造业，纺织服装等消费品行业，以及电子信息制造业。

3. 强区域

聚焦重点产业园区、产业集群、自贸试验区，打造平台化产业"标杆园"。选育数字化县域"样板区"。依托卡奥斯、云洲、橙色云、蓝海"四核双跨"平台，统一数据互联互通标准和接入规则，打造"济青烟威"工业互联网平台一体化发展矩阵。

4. 强链条

深化"万项技改、万企转型"，加大对老工业城市转型支持力度，推动规模以上工业企业技术改造全覆盖，不断提升产业链重点企业数字化水平。总结标志性产业链专精特新企业数字化转型标杆和创新服务实践成果，推广一批服务平台和系统解决方案，每年开展链主企业与专精特新企业数字化转型供需对接专场活动，构建大中小企业融通的数据解析体系。

5. 强保障

加强统筹协调，推动建立"一张龙头骨干企业清单、一份转型重点项目清单、一批促进中心、一个政策工具包、一家战略咨询支撑机构"的"五个一"工作体系。创新金融服务，引导金融机构开发"技改专项贷""数字化转型专项贷"等专属产品，加大省级"创新服务券"对企业数字化转型支持力度。

第6节 重庆市：六大行动助力中小企业数字化转型

一、重庆市中小企业数字化转型概况

近年来，重庆市大力推动中小企业发展，截至2023年底，全市中小企业数量近百万家，累计培育专精特新中小企业3694家，其中专精特新"小巨人"企业286家，是重庆市经济高质量发展的重要力量。

重庆市经济和信息化委员会2023年5月印发《关于加快推动中小企业数字化转型工作的通知》，提出到2025年，力争引育50家优质中小企业数字化转型服务商并形成专业服务商"资源池"，推广60项数字化转型典型应用并取得阶段性成果。推动15个细分行业数字化转型范本，完成5000家中小制造业企业数字化转型诊断评估，推动2000家中小企业实施数字化转型，引导14万家中小企业"触网上云用数赋智"。

为加速推动中小企业数字化转型步伐，2024年重庆市印发

《重庆市中小企业数字化转型工作方案（2024—2027年）》，"点线面"推进中小企业数字化转型，方案提出2024年推动中小企业实施数字化转型5000家以上，实现专精特新企业数字化水平二级及以上占比达到80%，培育三类中小企业数字化转型标杆企业50家。到2027年中小企业实施数字化转型达到15000家以上，专精特新企业数字化水平全面达到二级及以上，培育三类中小企业数字化转型标杆企业200家。

二、主要经验做法

1. 重"点"突破，树立中小企业数字化转型标杆

推动一批"小灯塔"工厂建设。鼓励有能力、有需求的中小企业，积极参与智能网联新能源汽车、新一代电子信息制造业、新材料等重点行业"小灯塔"工厂建设，聚焦研发设计、生产管控、仓储物流、运营管理、采购供应、售后服务等环节，利用数字技术实现跨部门、跨环节、跨层级的业务集成运作和协同优化，大规模提升生产、经营、创新效率，形成有较强引领、示范作用的数字化转型示范。

聚焦现代制造业集群体系，着眼技术突破、研产供销服一体化、产业链协同等方面改造成效突出的企业，打造数字化转型企业标杆。聚焦全市专精特新中小企业在产能提升、工艺改进、管理精益等方面实际需求，着眼细分行业、细分环节具有较强特色化、个性化数字化转型模式的专精特新企业，打造专精特新数字化转型企业标杆。围绕企业生产、管理、研发等具体场景数字化改造成效明显的企业，以场景应用示范推广为目的，打造"小快

轻准"解决方案应用示范标杆企业。

2. 条"线"梳理，优化中小企业数字化转型模式

分行业编制中小企业数字化转型指南。聚焦细分行业特点与发展差异，编制包括转型路径建议、关键转型环节、重点转型场景及典型案例在内的分行业中小企业数字化转型指南，形成分行业数字化转型路径图，助推企业数字化转型发展。引导、推动中小企业融入链主企业建立的工业互联网平台，实施供应链协同、全生命周期管理、企业柔性化生产、模块化设计等系统建设，实现大中小企业融通，聚焦农产品加工、轻纺、消费品等产业链较短、同行业企业转型需求相似的离散型中小企业转型，以细分行业典型企业转型试点为切入点，以试点企业"打样"，其他企业"学样"的方式，推广试点企业数字化转型产品、模式，实现集群式企业数字化转型。

3. 全"面"普及，构建中小企业数字化转型普惠体系

完善市级数字化转型服务平台，推动服务商在平台上线一批服务中小企业的"小快轻准"数字化转型服务产品，形成标准化"小快轻准"产品和解决方案资源池。积极引导服务商加速自有平台建设，完善服务商平台与市级平台信息交互通道。加快推动数字化转型赋能中心"揭榜挂帅"建设，形成"市级平台—赋能中心—中小企业"的向下服务和向上数据传递体系。探索引导数字化服务商统一数据接口标准，打通企业数字化转型中存在的数据孤岛和生态壁垒。

丰富市级数字化转型服务平台产品。积极引导数字化转型服务商上线OA、财务、ERP、MES等云化企业管理系统，以及企业

研发、生产、管理、采购、知识产权等数字化解决方案。按照不同行业企业个性化需求，对"小快轻准"产品和解决方案进行分类，创建细分行业供需适配库。

聚焦中小企业数字化转型个性化需求，充分用好用活区域型数字化转型赋能中心，汇聚产、学、研、用领域典型案例、行业专家、通用技术能力等资源，结合企业所处行业、产品、工艺等自身条件，定制个性化解决方案，助力优质中小企业数字化转型赋能。

鼓励中小企业应用市级平台相关产品，引导中小企业找准数字化转型应用场景，应用 SaaS（软件运营服务）化产品，逐步推动企业数字化转型发展。聚焦企业研产供销服等关键业务环节，引导服务商研发攻关一批"小快轻准"产品与解决方案，为企业提供一批优质数字化转型服务产品。

4. 优化服务，完善中小企业数字化转型支撑能力

构建以中小企业数字化转型联盟为主的服务体系。建成包含数字化转型服务商、中小企业代表、金融机构在内的联盟，凝聚区县中小企业主管部门力量，形成政府监管、指导，联盟落实、执行的服务体系。集聚全市数字化转型领域专家、学者和高端技术人才，成立重庆市中小企业数字化转型专家委员会，开展专业咨询、技术交流、建设监理、成果评估等工作。常态化开展中小企业数字化转型需求调研，滚动式开展带量采购，解决中小企业数字化转型中的实际需求。

完善普惠金融服务体系。以金融机构为核心，充分发挥政府引导、贴息作用，探索设立中小企业数字化转型专项贷款，为中

小企业数字化转型提供资金支持。围绕中小企业生产经营困难导致的数字化转型意识不够、重视不足等情况，引导金融机构通过融资、贷款等方式，降低中小企业数字化转型成本，激发企业数字化转型活力。

优化中小企业数字化转型政策体系。探索细分行业中小企业数字化转型水平测评指标和测评指南，根据测评结果对中小企业进行分级分类，精准施策。出台数字化转型标杆企业指标体系及扶持政策，引导企业打造数字化车间、智能工厂等标杆示范项目，提升中小企业打造数字化转型标杆积极性。

第7节　各地推进中小企业数字化转型的政策启示

一、制造业数字化转型是各地政策优先支持领域

2024年国务院常务会议审议通过《制造业数字化转型行动方案》，为制造业数字化转型做出顶层设计。制造业数字化转型是产业数字化的重要组成部分，事关现代化产业体系建设和经济高质量发展全局。

制造业企业具有研发投入高、生产流程长、生产过程复杂、产品附加值高、客户需求多样化等特点，制造业数字化转型过程复杂，数字化转型投入高。鉴于制造业的重要地位以及制造业数字化转型高投入的特点，制造业数字化转型成为各地政策优先支持领域。一方面，各地结合自身重点发展产业，陆续出台专门针

对制造业数字化转型的专项政策，围绕本地重点产业集群打造智能工厂、数字化生产车间和灯塔企业；另一方面，各地针对中小企业数字化转型的政策中也都涉及智能制造、加快制造业企业数字化转型等相关内容。

二、专精特新中小企业数字化转型是政策支持重点

专精特新企业是指具有"专业化、精细化、特色化、新颖化"特征的中小企业，专精特新代表了中小企业高质量发展的方向。专精特新企业的数字化水平整体上领先于普通中小企业，上海、重庆等地将专精特新中小企业的数字化转型作为重点领域，聚焦专精特新优质中小企业数字化转型的难点和痛点问题，聚焦细分领域和产业链供应链关键环节，通过打造数字化转型标杆、数字化转型评测、数字化赋能补贴等多种方式，加快推进专精特新中小企业数字化转型进程。

三、数字化转型公共服务体系建设成为各地政策必选项

中小企业由于规模小、行业垂直度高、抗风险能力弱，数字化过程中存在人才资金资源要素不足、数字化基础设施薄弱、数字化意识不足、数字化转型路径不清晰等现实问题，亟须数字化转型公共服务体系的有效支持。针对中小企业数字化转型中的现实难题，各地从数字化公共服务平台建设、数字化人才培训培养、转型咨询、资金支持和资金补贴、数字化诊断评测、数字化服务商培育、数字化解决方案资源池建设、数字化转型标杆案例打造等多个方面不断完善公共服务体系建设，不断细分服务领域，丰

富服务内容。

四、中小企业数字化转型政策逐渐精细化

中小企业行业覆盖面广，不同类型、不同行业、不同规模的中小企业如何开展数字化转型，缺乏明确成熟的路径指引。为了更加有效地推进中小企业数字化转型，各地政策逐渐精细化，开始细化到细分行业和领域的需求。各地逐渐开始结合自己的产业特色，制定分行业中小企业数字化转型指南，按照细分领域、细分行业和产业集群打造数字化的标杆案例，创建细分行业数字化转型服务商资源库。例如，江苏省制定了分行业的智能化改造数字化转型实施指南，涵盖了12个细分行业、95个关键环节、214个重点场景、94个典型案例，为广大中小企业实施"智改数转"提供全面指导。

五、"区域—产业—企业"联动政策体系逐渐形成

各地在推动中小企业数字化转型方面，逐渐形成了"区域—产业—企业"一体化联动的政策体系，从数字化转型试点城市、产业集群数字化到企业数字化三个层面进行了全面布局和深入推动。在区域层面，从2023年开始，国家出台了中小企业数字化转型试点城市的政策，通过试点城市的示范带动，探索支持中小企业数字化转型的有效模式。在国家政策的引导下，很多地方也开始了省级中小数字化转型试点城市的建设工作。例如，广东省开展了省级中小企业数字化转型试点城市探索工作，试点城市结合本地优势特色产业和战略性新兴产业，确定重点扶持的细分行业，

并择优遴选数字化牵引单位，组建"1+1+N"的产业生态联合体，由供应链龙头企业、产业链牵引企业等数字化牵引单位牵头，联合1类实施数字化集成服务的企业和N个产业生态企业，联合对中小企业实施数字化改造。

第 7 章

国外典型国家或区域推进中小企业数字化转型的政策举措

中小企业是我国数量最大的企业群体，但是由于规模小、人才和资金缺乏等原因，中小企业数字化转型存在着较大的障碍，转型进程明显滞后（周孝，2022）。政府数字经济政策是引导企业数字化转型的关键外部动力（李兰等，2022）。中小企业数字化转型障碍本质上是市场失灵问题（江永碧等，2021）。中小企业受到资源和能力约束，依靠自身往往难以推动数字化转型，需要财政政策等社会因素的支持（曾皓，2022）。政府的政策支持作为重要的环境和制度变量是驱动企业数字化转型的重要因素（吕芬等，2021；高辉和李玲，2022）。中小企业数字化转型成功与否，与政府各类优惠帮扶政策能否激发企业数字化内生动力、精准滴灌企业数字化转型全过程密切相关（牛璐等，2024；樊轶侠等，2024）。目前有 34 个 OECD（经合组织）国家已制定国家数字化和数字经济战略，以国家战略全面推动中小企业数字化（李勇坚，2022）。

第7章 国外典型国家或区域推进中小企业数字化转型的政策举措

为此，本章分析总结美国、日本、韩国、德国、西班牙、欧盟等典型国家或区域推进中小企业数字化转型的主要政策，归纳国外促进中小企业数字化转型的经验做法，为完善我国中小企业数字化转型政策提供借鉴和参考。

第1节　美国推进中小企业数字化转型的政策举措

美国是全球最早布局数字化转型的国家，多年持续关注新一代信息技术发展及其影响，奠定了其数字化转型的领先地位，构建了以开放创新为基础、以推进传统产业转型为主旨的政策体系，有效促进了数字化转型的发展进程。美国推进数字化转型相关的政策和经验主要包括以下四点。

一是以制造业数字化转型为重点，保护美国日益增长的数字化制造优势。自2012年奥巴马政府发布《先进制造业国家战略》以来，美国一直将制造业数字化、网络化、智能化转型作为主攻方向，加紧形成和重塑竞争新优势。2016年特朗普政府加快战略布局，继续大力推动制造业回流美国，先后发布《先进制造业领导力战略》《国家人工智能战略》《关键和新兴技术国家战略》，将其强大的基础科技和信息技术体系与制造业结合，构筑高端竞争优势。2021年拜登执政后，美国政府在促进先进制造业发展方面继续延续前任政府的做法，并力图通过多元化的政策手段扩大前沿技术领先优势和提振制造业整体水平，为制造业转型发展营造良好的政策环境。2017年12月，美国数字化制造与设计创新机构发布2018

年战略投资计划，提出四大焦点技术领域，这些领域从侧面反映出当前美国制造业数字化转型过程中的重点和难点：①设计、产品开发及系统工程，②未来工厂，③敏捷、弹性供应链，④制造业网络安全。

二是大力发展数字经济领域前沿技术，保持全球领先地位。美国政府非常注重数字新兴产业的前沿性、前瞻性研究，通过政策战略、资金投入、机构设置等方式，积极推进芯片、人工智能、5G通信及下一代通信、先进计算机等数字技术研发。近年来，美国进一步聚焦大数据和人工智能等前沿技术领域，先后发布《联邦大数据研发战略计划》《国家人工智能研究和发展战略计划》《为人工智能的未来做好准备》《美国机器智能国家战略》。2021年7月，美国参议院通过《美国创新与竞争法案》，承诺在5年内向芯片、人工智能、量子计算、半导体等关键科技研究领域投入约2500亿美元。在资金支持方面，美国为前沿技术研发提供了多维度、长周期的资金支持。例如，在技术创新方面，2022财年的联邦政府财政预算总额超过1.5万亿美元，其中一部分资金专门用于支持数字化转型和前沿技术的发展。

三是构建覆盖全国的创新网络，为企业提供全方位服务。美国政府于2012年提出的国家制造业创新网络（NNMI，也被称为制造业USA），是其以核心关键共性技术的研发和应用推广为目标打造创新载体，也是其推动数字化、网络化、智能化发展的核心政策抓手。美国政府通过创新中心的建设打造合作共赢的创新生态，打通从研发到应用的创新链条，涵盖数字制造、网络安全、机器人等关键领域。以创新中心为依托，助力企业跨越"死亡山谷"，实现集群化发展。创新中心及其成员与美国国内的教育机构开展积极合作，通过制定和实施先进制造技术的教育、培训和劳动力培育计划等，为从事相关工作的工人提供所需的先进技术知识与技能，提升企业从业人员数字化储备。

四是为中小企业创新发展提供多层次的资金支持。美国支持中小企业科技创新的政策已经形成了比较完备的体系，在立法支持、财政与税收支持以及创新服务支持等方面积累了丰富的成功经验。产业基金方面，由美国政府主管机构牵头，通过市场化运作方式积极调动各方资金，为中小企业创新发展提供大规模资金支持。美国小企业管理局（SBA）牵头成立了小企业投资公司（SBIC），负责运营 SBIC 基金（母基金），并投资具有潜力的小企业。SBIC 基金由美国政府提供完全担保，每年投资资金高达 60 亿美元，主要用于支持中小企业充盈资本和技术研发。SBIC 基金在寻求投资机会时，特别关注那些具有创新性和成长潜力的数字化转型项目和企业，不仅促进了数字化转型技术的创新，还推动了相关产业的发展。

第 2 节　日本推进中小企业数字化转型的政策举措

近年来，日本政府一直在增强推进中小企业数字化转型的力度，把促进中小企业数字化转型列入各级政府的重要议程。在政策支持对象上，2018 年以前只是支持有能力的中小企业转型，现在要求所有中小企业都要开展数字化转型；在政策目标上，由只注重提高效率转为消除中小企业的数字鸿沟。日本推进中小数字化转型相关的政策和经验主要包括以下六点。

一是设置专门机构系统推进中小企业数字化转型。在组织机构上，日本经济产业省中小企业厅设置了"中小企业转型办公室"（DX室）这一专门机构，负责制定和实施中小企业数字化转型规划、配套政策，对全国转型工作进行指导、协调和考核。全国上下统一认识，把消除中小企业数字鸿沟作为重要战略目标，摆上重要日程，国家要统一制定专项规划并切实落实到位。

二是通过各种形式强化中小企业对数字化转型重要性的认识。依托本国各级政府，以及商会、行业协会等工商团体，通过举办IT研讨会、咨询会、转型讲习会、研究班等多种方式，面向中小企业中高层管理者，推广数字化转型相关知识，使中小企业认识到，加快转型是创造新产品、新服务，以及降低成本、应对劳动力短缺的需要。

三是针对中小企业面临的痛点提供低成本易用的数字工具和方案。日本经济产业省通过专门调研，发现中小企业引进IT的主要障碍是成本负担、转型效果不明显和员工技能不足。针对以上三方面的问题，鼓励、支持IT供应商开展中小企业数字化转型工具和服务需求调研，开发提供质优价廉的数字工具，大力发展云服务，减少开发、采购、运用、维护IT工具等转型成本负担。通过提供咨询指导，帮助中小企业澄清需要解决的问题，理性选择适合自己的IT工具，并注意从最能见效的地方着手，引导企业多使用基于云的技术。

四是建立"信息处理支援机构"认证制度，为中小企业数字化转型提供援助。日本中小企业厅设立"信息处理支援机构"网站,公布认证的支援者名单,中小企业可从中选择合适的"支援者",获得"支援者"的指导。同时,日本中小企业厅还要求"支援者"与原有由经济产业省认定的由商工会议所、商工会等商会团体,以及金融机构、各咨询事务所、咨询顾问组成的约 2.5 万个"中小企业经营革新支援机构"紧密合作,共同推进数字化转型。

五是强化金融和财税扶持,对中小企业数字化转型提供资金支持。通过设立专门资金进行低息融资支持、对中小企业 IT 技术应用进行财政补贴和税收支持等方式解决中小企业数字化面临的资金难题:①在低息融资支持方面,设立"IT 活用促进资金",一方面对中小企业为改善内部运营、创新经营方式等引进信息技术投资提供贷款,另一方面对"支援者"为开发适用中小企业转型的 IT 工具投资提供融资。②在财政补贴方面,日本很早就开始对中小企业应用 IT 技术进行财政补贴,获得补贴的企业需要向政府提交使用效果报告。按照经济产业省的要求,IT 导入支持项目完成后三年内企业的劳动生产率需提高 9% 以上。③在税收支持方面,中小企业为提高生产力、盈利能力购买价格在 70 万日元以上的机械设备、软件,以及"支援者"为中小企业开发云服务 IT 软件等投资,都可享受即时折旧摊销或 7% 的税收抵免。

六是优化完善中小企业数字化转型环境。通过建立企业间数字化共性平台、促进大中小企业协同发展、大规模开展 IT 培训、修订中小企业数字化转型相关法律法规、制定中小企业数字化转型相关标准规范等方式,为中小企业营造良好的数字化转型环境。在法律修订方面,修改《承包中小企业振兴法》,增加发包公司要积极应对整个供应链数字化的条款。此外，日本特别注意供应链的安全建设，保护中小企业免受网络恶意攻击，政府还联合地区组织、安保公司、保险公司等开展示范工程，为中小企业提供安全保险服务。在人才培训方面，日本政府建立的独立行政法人中小企业基盘准备机构发挥了重要作用，该机构分布在全国各地的中小企业大学，为中小企业提供 IT 实践培训，并对负责中小企业信息技术应用的支援人员进行培训。

第 3 节　德国推进中小企业数字化转型的政策举措

德国约有 370 万家中小企业，中小企业数量占比高达 99%，对德国的经济发展起到了举足轻重的作用。德国对中小企业的数字化转型极为重视，2013 年就提出了工业 4.0 战略，在这一顶层战略框架指引下，通过产业集群、专业服务、人才培训、资金支持等一系列政策举措，系统推进本国中小企业数字化转型。德国推进数字化转型相关的政策和经验主要包括以下五点。

一是国家战略引领中小企业数字化转型。德国将中小企业数字化转型作为国家顶层战略的重要组成部分，德国基于工业 4.0 战略制定了"数字化战略 2025"，强调利用"工业 4.0"促进传统产业的数字化转型，提出为中小企业提供数字化转型支持和网络安全保障。在顶层战略下，先后发布"人工智能发展战略""数字化战略 2025"，以及《数字化实施战略》的多个版本，制定了中小企业数字化转型行动计划，以政策和制度等措施来加速数字化战略落地。2020年9月，德国政府发布了《数字化实施战略》第五版，在政策框架体系下谋划具体数字化项目，例如启动为中小企业未来数字化设立的"数字·现在"（Digital Now）项目，包括"数字化业务流程""数字化市场开发"和"IT安全"等模块，以及中小型企业数字化投资项目等。

二是以产业集群带动中小企业数字化转型。德国培育了大量高水平的产业集群，这些集群集聚了尖端的企业、人才、科研机构等资源。德国鼓励国内高端产业集群凭借其尖端的技术、人才、科研机构等资源，联合为中小企业提供智能产品、生产流程和未来的工作环境等方面的数字化解决方案，为中小企业提供测试环境，对中小企业生产系统进行测试和优化。

三是构建数字化服务体系，为中小企业数字化转型提供专业服务。由德国联邦经济和能源部发起，在"中小企业数字化"项目框架下，在重点区域和特定行业设立中小企业4.0能力中心，汇聚行业协会、转型服务商、金融机构等转型资源网络，构建中小企业数字化服务网络，为中小企业数字化转型提供专业服务。德国中小企业4.0能力中心汇集行业协会、高校、研究机构、企业等140多家主体和1000余名专家，可为不同技术主题提供技术支持。截至2022年4月，德国已经设立27家中小企业4.0能力中心，已覆盖德国99%市场主体，同时能力中心之间搭建内部网络，通过组建专题工作组、举办定期内部会议等方式，推动转型能力中心之间成果共享、资源共用和经验交流。各个中心与地区产业结合，侧重不同行业、技术环节、难点痛点，围绕企业需求，为中小企业灵活制定服务内容，提供优质且个性化的转型专业服务。例如德国汉诺威尔中心以生产流程和物流流程的数字化转型为主轴，达姆中心为中小企业在数字化领域提供继续教育，多特蒙德中心提供智能自动化和物流转型服务，凯泽斯劳滕中心提供专业咨询服务。

四是重视数字化人才的培养，为中小企业数字化转型提供人才储备。高素质和高技能的人才是中小企业数字化的重要保障。首先，德国非常重视数字化教育和培训的发展，正加强面向未来数字化工作的专业人才的培育，提升公民的数字化素养和技能。通过加强职业教育、高等教育以及在职培训等方面的投入，帮助学生自主使用数字化技术，破解中小企业员工数字化技能欠缺难题。其次，开展职业教育改革。德国的职业技术人才主要来自实行二元制教育的职业学校，这种教育模式将学校理论知识的学习与工厂的实践操作相结合，为中小企业数字化转型提供了大量具备实际操作能力的人才。最后，通过"数字·现在"等一系列项目的实施，开展数字化技能培训，帮助中小企业提升员工数字化技能。

五是为中小企业数字化转型提供资金支持，解决中小企业数字化转型资金难题。德国联邦信息经济、通信和媒体协会曾做过一项调查，结果显示，75%的企业认为实施数字化转型最大的障碍来源于资金的压力。为此，德国不断增加对所实施项目的资助，或是提供专门补助资金项目，中小企业通过这些项目得到资金支持，加快数字化转型进程。如"中小型企业数字化投资项目"，旨在找出实施过程中存在差距项目的难点，同时扩充已有的中小企业扶持项目。"数字·现在"项目采用报销的形式，向拥有3至50

名员工、规模较小的中小企业提供最高5万欧元的资金支持。

综上，德国在推进中小企业数字化转型方面，既注重政府层面的战略引领和政策扶持，也强调服务网络的构建和企业层面的实际操作，形成了较为完善的推进机制。

第4节 西班牙推进中小企业数字化转型的政策举措

根据欧盟委员会发布的《2020年数字经济与社会指数》报告，西班牙数字经济与社会指数在欧盟国家排名第十一位，其中在数字连通性和数字化公共服务领域位居欧盟前列。为帮助中小企业数字化转型，西班牙政府与欧盟共同启动了恢复转型计划（PRTR）。主要举措包括以下五点。

一是帮助中小企业获得数字化服务和解决方案。西班牙政府于2021年11月启动了"数字工具包"计划，助力中小企业加快数字化转型，涉及资金总额达30亿欧元。该计划支持对象既包括中小企业，也包括为企业提供数字化转型支持的服务商。预计将有120万至135万家中小企业和个体经营者受益。首批资金5亿欧元于2022年2月到位，支持重点是面向拥有10~49名员工和拥有3~9名员工的中小企业，资金可用于企业的数字营销和电子商务、网络安全、流程数字化和远程办公等数据工具，企业可自由选择其中内容进行组合，服务合同总金额不超过1.2万欧元。

二是重视数字化基础设施建设。西班牙政府持续更新数字化经济发展计划，涉及基础设施建设、产业转型、电子政务、劳动力培训和居民数字素养与技能提升等。2020年西班牙政府宣布推出"西班牙数字2025"计划,5年内西班牙将投入1400亿欧元用于全面数字化转型,包括提高国家数字连通性,实现高速网络覆盖全国人口,有效利用无线电频谱资源,加快5G网络部署及应用等。

三是加强劳动力培训和数字素养提升。西班牙政府推广民众数字化技能培训,提升劳动者的数字技能以适应市场的需求,"西班牙数字2025"的目标中提到:增强劳动者数字技能培训,使80%的劳动力具备基本数字技能。此外,政府宣布的职业培训计划增加了大量与数字化等新技术有关的课程,如智能制造、工业数字化维护等。

四是推进公共管理和企业的数字化转型。"西班牙数字2025"的目标中还包括:推动公共管理部门和企业的数字化转型,实现50%的公共服务可以通过手机应用进行,中小企业至少25%的营业额来自电子商务等。此外,该计划还希望通过加快农产品生产、健康和旅游等行业生产模式的数字化,在5年内使国内二氧化碳排放量减少10%。

五是跨部门协同推进中小企业数字化转型。西班牙鼓励私营部门广泛参与数字化转型,重视发挥成熟的基础服务提供商的带动作用。例如,西班牙电信为中小企业"量身定制"了超过40种数字解决方案。2022年5月,多个机构合作启动了加泰罗尼亚数字创新中心。这一区域创新生态系统通过打造"一站式商店",为当地中小企业、初创企业和公共机构等提供数字化转型解决方案,包括先进技术咨询、专业技术培训、相关基础设施等。同年6月,该中心被欧盟委员会选为欧洲数字创新中心网络成员,并获得280

万欧元拨款。加泰罗尼亚政府宣布增加 400 万欧元投资，进一步推动向数字城市转型。

第 5 节　欧盟推进中小企业数字化转型的政策举措

欧盟各国约有 2500 万家中小企业，吸纳了约 1 亿劳动力，创造欧盟一半以上的 GDP（李舒沁，2020）。此前，欧盟经济增长长期陷于停滞状态，数字化转型成为欧盟提振经济的必然选择。目前欧盟企业数字化转型已经取得了一定成效。欧盟工业数字化记分牌数据显示，采用数字技术的企业数量持续增加，并且企业投资数字技术大部分取得了积极效果。近年来欧盟推进数字化转型相关的政策和经验主要包括以下四点。

一是不断细化数字化转型战略部署。2021 年 3 月，欧盟委员会发布《2030 数字指南针：数字十年的欧洲之路》，确定了"提升整体人口的数字技能，扩大数字专业化人才规模""构建安全、高性能和可持续的数字基础设施""加速推动企业数字化转型""加速公共服务向数字化转型"四个方面的具体目标，指出到 2030 年，75% 的欧盟企业应使用云计算服务、大数据和人工智能，90% 以上的中小企业应至少达到基本的数字化水平。2021 年 5 月，欧盟委员会发布更新版《新工业战略》，出台支持中小企业双轨转型等措施，强调通过强化和重塑数字技能以加速双轨过渡，从加大投资、保障偿付、提供数据驱动的业务模型和促进能力提高等方面推进中小企业转型。

二是多种平台提升中小企业数字化能力。欧盟优化"欧洲企业家网络",设立"可持续问题顾问",开设数字培训课程,启动"数字志愿者"能力提升计划,并扩大"数字创新中心"项目,以提升中小企业的数字化能力。欧洲企业家网络拥有数百个成员,可以与其他平台合作,在更大的业务范围上为中小企业提供量身定制的转型能力提升服务。通过"数字志愿者"项目,让年轻技术人员帮助中小企业有针对性地提高数字能力。此外,欧盟委员会利用欧洲地区发展基金,专门向中小企业提供市场所需的技能培训,帮助他们进行智能化转型。欧盟设置了数字创新中心(DIH),其为中小企业提供网络等接入技术的支持。DIH通过与欧洲企业网络合作,紧密政企联系,为中小企业的数字化转型提供支持。同时,DIH还向其他企业推广数字化转型经验、技术,供其他企业吸收借鉴。

三是通过"数字欧洲计划",建设安全和可持续的数字基础设施。欧盟委员会于2021年11月10日发布《从"数字欧洲计划"中投资近20亿欧元以推进数字化转型》报告,"数字欧洲计划"是欧盟首个专注于将数字技术带给企业和公民的资助计划。该计划7年内的总预算为75亿欧元,在2023年底前集中在人工智能(AI)、云数据空间、量子通信基础设施、高级数字技术以及数字技术在整个经济和社会中的广泛应用等领域的投资。主要工作计划包括:部署公共数据空间,为基于人工智能的解决方案建立测试和实验设施,促进中小企业和初创企业可信人工智能的使用,部署量子通信基础设施以提供抵御网络攻击的高恢复能力,加强技能培训和升级,提高公民数字技能等。欧盟委员会将通过"数字欧洲计划",建设安全和可持续的数字基础设施,使企业能够更好地访问数据或使用由人工智能提供的解决方案,确保欧洲公民能够获得参与劳动力市场的正确技能。

四是完善数据治理体系,推动数据共享。2020年11月,欧盟委员会发布《数据治理法案》,旨在保证欧洲公共利益和数据提供者合法权益的条件下,推动数据空间建设,实现更广泛的国际数据共享。2020年12月,欧盟委员会先后公布《数字服务法案》和《数字市场法案》的草案,针对平台治理问题提出了诸多监管措施,强调创造更加安全的数字空间,保障所有数字服务用户的基本权利;要求拥有市场主导地位的互联网企业与竞争对手和监管机构共享数据,公平地推广服务和产品,以限制国际互联网巨头的不正当竞争行为。2022年2月,欧盟委员会再次公布酝酿已久的《数据法案》,以促进欧洲数据价值释放为目标,针对企业数据流通共享给用户或用户指定的企业,及企业与公共机构之间共享数据,规定了多项措施。

第6节　韩国推进中小企业数字化转型的政策举措

韩国政府高度重视中小企业的数字化转型,认为这是推动经济发展、提高产业竞争力的关键。近年来,韩国政府制定了多层次的数字化战略,推出了一系列促进中小企业数字化转型的政策措施。

一是加强顶层规划,制定多层次的数字战略。韩国政府2022年9月发布了全面的数字战略,旨在通过多项措施推动包括中小企业在内的整个社会的数字化转型。这些措施包括建设更安全舒适的数字生活家园、实现全社会民众享受数字优惠、激发地区数字经济活力、共建数字平台政府等。2022年7月，韩国产业通商资源部正式实施《产业数字化转型促进法》，旨在加快产业的数字化转型，为产业数字化政策的制定和实施奠定法律保障。此外，韩国中小企业风险部2023年9月发布了《新数字制造革新推进2027战略》，计划通过政府、民间、地方三方协作，加快数字化转型，实现制造业创新发展。到2027年，计划培养25000家数字制造革新企业。

二是根据企业数字化程度制定针对性政策。根据《新数字制造革新推进2027战略》，韩国提出对200家数字转型优秀企业减少干预，引导其成为自律型、数字型企业；对5000家数字转型一般企业提供高度智能化工厂建设支援，加强实时分析、控制数据的能力；对数字转型能力欠缺的约20000家企业提供数字化基础能力建设支援，增加机器人、自动化设备的配备。

三是重视制造业中小企业数字化转型，加快推进智能工厂建设。韩国政府推出了"智能制造扩散和推进战略"，为制造业中小企业购买生产设备、服务以及咨询提供资金支持。资金支持方式不是向中小企业提供补贴，而是通过区域工业园区给予支持。中小企业和创业部成立智能工厂推广专门机构——"智能制造革新推进团"，该机构已在19个科技园设立"智能制造创新中心"，利用区域内的各类专家，为中小企业提供智能制造技术测试认证、智能制造方案提供商匹配，以及实施情况评估、需求挖掘、咨询、培训等定制化服务。

四是提供资金补贴，降低中小企业数字技术使用成本。韩国的数字服务凭证计划是该国政府为了推进中小企业数字化转型而实施的一项重要举措。该计划的核心目的是降低中小企业使用数字技术的成本，覆盖中小企业多达8万家。该计划将中小企业与国内的数字技术供应商联系起来，确保企业能够获取所需的技术和服务。政府提供财政补贴，支持中小企业使用供应商提供的数字服务和解决方案。中小企业最多可使用400万韩元购买服务，企业仅需承担10%的成本。政府持续监测计划完成情况，并及时调整限制条件以防止政策被滥用。

五是建立支持网络推动企业数字化转型。由政府构建中小企业、技术提供企业、大企业参与的网络平台"制造革新门户"，让企业通过平台快速检索最佳合作企业，在网上进行在线商谈；加强技术供给企业的产业化转换能力，提供专家咨询；加强民间地方合作，建立联合支援网络，把现有地方科技园打造成当地制造业数字转型枢纽，由地方政府推荐和帮助当地企业参与数字化转型。

第7节 国外典型国家或区域推进中小企业数字化转型的政策启示

一、优化中小企业数字化转型的政策环境

为深入推进中小企业数字化转型，国外典型国家或区域都出台了相关政策和法律法规，通过制定明确的数字化转型战略和政

策框架，为中小企业数字化政策的制定和实施奠定保障。例如，韩国印发实施了《中小企业技术创新促进法》《产业数字化转型促进法》等法律法规文件，为政府内部综合制定并推进产业数字化转型政策的实施体系提供法律依据，同时将制定大力支持企业数字化转型的各种激励制度及相关规定；日本印发《IT导入支持指南》，修订《承包中小企业振兴法》《中小企业管理强化法》，为中小企业数字化转型提供支撑和保障；德国相继发布《数字化实施战略》多个版本，为中小企业数字化转型提供了良好的政策环境；欧盟委员会发布了《2030数字指南针：数字十年的欧洲之路》，旨在通过提升数字技能、构建高性能数字基础设施、推动企业数字化转型等措施，实现数字化十年的欧洲道路。

二、设置推进中小企业数字化转型的组织机构

国外典型国家或区域通过成立专门的组织机构，推进本国中小企业数字化转型。例如，德国设立了27家中小企业4.0能力中心，与1000多名专家合作，为中小企业提供数字化咨询服务和制定数字化战略；西班牙成立了中小微企业信息咨询和问题处理办公室，为中小微企业数字化转型提供信息咨询和争议解决服务，保障中小微企业数字化转型顺利推进；日本经济产业省中小企业厅专门设置"中小企业转型办公室"，负责制定和实施中小企业数字化转型规划、配套政策，对全国转型工作进行指导、协调和考核；为了推动产业数字化转型，韩国设立了"产业数字化转型委员会"，该委员会旨在通过跨部门合作，综合规划和协调，加速韩国产业的数字化进程。

三、对中小企业数字化转型提供资金支持

面对资金短缺这一制约中小企业数字化转型的难题,国外典型国家或区域持续强化对中小企业数字化转型的资金支持,通过专项基金、资金补贴、数字产品代金券、税收优惠、贷款担保、金融支持等多元化的方式对中小企业购买数字化产品和服务提供帮助,缓解中小企业数字化转型的资金压力。例如,德国为迫切需要进行数字化改造的中小企业提供最高 5 万欧元的支持;西班牙政府启动了 30 亿欧元的"数字工具包"计划;日本专门设立了 IT 活用促进资金;韩国推出了数字服务凭证计划和智能制造扩散和推进战略。

四、构建多层次的中小企业数字化转型服务体系

中小企业资源匮乏,数字化基础薄弱,政府、企业、产业园区、研究机构等多方合作构建公共服务体系,为中小企业数字化转型赋能也成为国外典型国家或区域政策的着力点。中小企业公共服务体系的建立,不仅为中小企业提供了转型所需的资源和支持,还促进了企业间的合作与交流,加速了整个社会数字化进程的发展。例如,美国通过构建制造业创新网络,使得企业、高校、研究机构等的创新能力能够辐射中小企业,在一定程度上降低了中小企业跨越"死亡山谷"的难度;德国依托中小企业 4.0 能力中心,汇聚行业协会、转型服务商、金融机构等转型资源网络,构建中小企业数字化服务网络,为中小企业数字化转型提供专业服务;韩国将现有地方科技园打造成当地制造业数字转型枢纽,由

地方政府推荐和帮助当地企业参与数字化转型；西班牙成立加泰罗尼亚数字创新中心，通过一站式服务，为当地中小企业、初创企业和公共机构等提供全面的数字化转型解决方案、先进技术咨询、专业技术培训、相关基础设施支持等服务。

五、重视劳动者数字素养和数字技能的提升

中小企业数字化转型需要大量具备数字技能的人才，人才不足是制约中小企业数字化转型的重要障碍因素。国外典型国家或区域都重视劳动力数字素养和技能的提升，通过普及公民数字素养、开展数字化技能培训、加强职业教育、开设数字化相关课程等方式，为中小企业数字化转型提供人才储备。例如，澳大利亚将数字素养作为核心素养之一，添加到核心技能框架中；德国通过"数字·现在"等一系列项目，为企业开展数字化技能培训提供支持，帮助中小企业提升员工数字化技能；西班牙政府投入资源，通过各种培训项目和教育计划使80%的劳动力具备基本数字技能，确保劳动者能够适应数字化时代的要求，提升其在数字环境中的工作能力。

六、加强对新型数字基础设施的建设

数字基础设施，包括互联网、物联网、大数据、工业互联网平台、云计算、人工智能等技术，为中小企业数字化转型提供了必要的底层要素支撑。数字基础设施的普惠性使得中小企业能够以更低的成本接入先进的数字化服务和平台。国外典型国家或区域都非常重视5G和6G网络、人工智能、智慧城市、物联网和工

业互联网等新型数字基础设施建设，持续投资，推动新技术的研发和应用。例如，欧盟委员会发布了《2023—2024年数字欧洲工作计划》，将投入1.13亿欧元用于高性能计算，云服务、数据及人工智能及网络安全等基础设施建设，并优先支持中小企业及公共部门的数字化转型；美国政府提出的"重建更美好未来"计划中，包含了对数字基础设施的重大投资，该计划旨在通过升级和扩展美国的数字基础设施，促进经济复苏和长期增长。

本章主要参考文献

[1] 周孝. 企业数字化转型的成效、障碍与政策诉求——基于微观调查数据的分析[J]. 财政科学，2022（11）：104-118.

[2] 李兰，董小英，彭泗清，等. 企业家在数字化转型中的战略选择与实践推进——2022·中国企业家成长与发展专题调查报告[J]. 南开管理评论，2022（8）：1-38.

[3] 江永碧，赵静，陈骥. 数字赋能企业发展，加速冲破转型阻碍——2020年企业数字化转型专项监测报告[J]. 杭州科技，2021（3）：33-36.

[4] 曾皓. 区位导向性政策促进企业数字化转型吗？——基于国家数字经济创新发展试验区的准自然实验[J]. 财经论丛，2022（4）：3-13.

[5] 吕芬，朱煜明，罗伯特，等. 外部环境对中小型企业采用数字技术影响研究[J]. 科学学研究，2021，39（12）：2232-2240

[6] 高辉，李玲. 制度支持对制造企业数字化转型的影响——基于管理者认知视角[J]. 企业经济，2022（12）：151-160

[7] 牛璐，陈志军，刘振. 资源与能力匹配下的中小企业数字化转型研究[J]. 科学学研究，2024，42（4）：766-777.

[8] 樊轶侠，段可仪，李俊龙. 政府支持中小企业数字化转型的政策实践、现实阻碍和路径优化 [J]. 财政科学，2024（2）：134-142.

[9] 李勇坚. 中小企业数字化转型：理论逻辑、现实困境和国际经验 [J]. 人民论坛·学术前沿，2022（18）：37-51.

[10] 李勇坚. 中小企业数字化转型：理论框架、国际经验和政策建议 [J]. 经济论坛，2022（8）：38-48.

[11] 李舒沁. 欧盟支持中小企业数字化转型发展政策主张及启示 [J]. 管理现代化，2020，40（5）：65-68.

第8章
北京市中小企业数字化转型面临的问题与政策建议

第1节 北京市中小企业数字化转型面临的问题分析

为厘清北京市中小企业数字化转型中面临的困难和阻碍，本章基于北京市567家中小企业数字化转型的问卷调研，以及100多家企业的深度访谈和实地调研，对中小企业数字化转型中遇到困难和阻碍展开分析和介绍，按照是否为专精特新企业、成立周期以及是否为制造业企业等对中小企业数字化转型中面临的问题进行对比分析。总体问题如图8-1所示。不同类型和发展阶段企业转型需求和模式不同，面临的问题也有一定差异性，如表8-1和表8-2所示。

问题	转型投入成本高，缺少数字化转型的资金	64.0%
	缺少数字化人才或现有员工数字化能力不够	38.4%
	担心数据和信息安全	30.3%
	缺乏可借鉴的经验或行业标杆	29.6%
	现有设备改造难度大，缺少适配的数字化方案或技术	23.8%
	难以评估数字化转型的价值	22.0%
	数字技术与企业业务无法有效结合	18.9%
	缺少规划，不清楚数字化转型如何开展	15.5%
	企业内部转型阻力较大	9.9%
	管理层重视度不够	3.7%
	其他	2.3%
	企业没有开展数字化转型的必要	1.4%

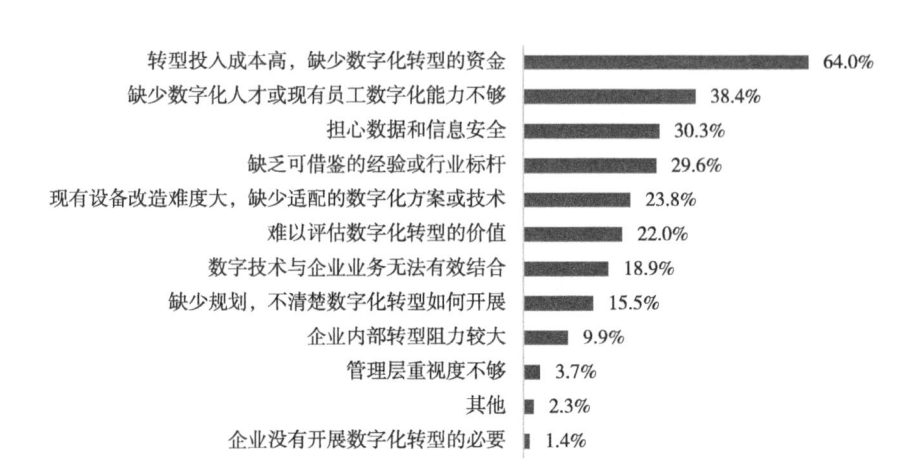

图 8-1　北京市中小企业数字化转型问题

表 8-1　北京市中小企业数字化转型问题分析（不同类型企业）

问题	非制造业企业	制造业企业	非专精特新企业	专精特新企业
转型投入成本高，缺少数字化转型的资金	62.4%	69.2%	59.7%	67.3%
缺少数字化人才或现有员工数字化能力不够	37.3%	42.1%	39.1%	38.0%
担心数据和信息安全	30.0%	31.6%	24.7%	34.6%
缺乏可借鉴的经验或行业标杆	28.3%	33.8%	30.5%	29.0%
难以评估数字化转型的价值	22.8%	19.5%	20.6%	23.1%
现有设备改造难度大，缺少适配的数字化方案或技术	20.3%	35.3%	26.3%	21.9%
数字技术与企业业务无法有效结合	17.5%	23.3%	16.5%	20.7%
缺少规划，不清楚数字化转型如何开展	13.4%	22.6%	14.8%	16.0%
企业内部转型阻力较大	9.4%	11.3%	8.2%	11.1%
管理层重视度不够	4.1%	2.3%	2.9%	4.3%
其他	2.5%	1.5%	3.7%	1.2%
企业没有开展数字化转型的必要	1.8%	0.0%	2.1%	0.9%

表 8-2　北京市中小企业数字化转型问题分析（不同发展阶段企业）

问题	0~5 年	6~10 年	11~20 年	21~30 年	30 年以上
转型投入成本高，缺少数字化转型的资金	65.2%	62.8%	63.5%	66.4%	61.5%
缺少数字化人才或现有员工数字化能力不够	37.9%	34.0%	38.3%	43.6%	53.8%
担心数据和信息安全	27.3%	35.9%	28.4%	29.1%	23.1%
缺乏可借鉴的经验或行业标杆	30.3%	27.6%	26.6%	36.4%	46.2%
现有设备改造难度大，缺少适配的数字化方案或技术	16.7%	17.3%	26.6%	27.3%	61.5%
难以评估数字化转型的价值	24.2%	21.8%	23.0%	20.0%	15.4%
数字技术与企业业务无法有效结合	21.2%	16.0%	18.0%	22.7%	23.1%
缺少规划，不清楚数字化转型如何开展	15.2%	9.6%	19.8%	14.5%	23.1%
企业内部转型阻力较大	7.6%	7.1%	11.3%	11.8%	15.4%
管理层重视度不够	1.5%	3.8%	5.0%	2.7%	0.0%
其他	6.1%	0.6%	2.3%	1.8%	7.7%
企业没有开展数字化转型的必要	1.5%	0.6%	2.3%	0.9%	0.0%

表头上方合并列：企业成立年限

一、数字化转型投入成本高，企业开展数字化转型存在资金约束

对于中小企业而言，数字化转型不仅需要在前期投入大量成本，如采购数字化设备、升级信息系统、基础设施改造等，在数字化转型的中后期也需要大量的资金投入，如人员培训、系统功能订阅、系统升级等。中小企业在数字化转型中普遍存在较大的资金压力。问卷调查数据显示，64.0% 的中小企业表示数字化转型投入成本高，企业缺少数字化转型的资金。访谈中，142 家企业中有 110

家企业在访谈中提及了"资金""成本"问题,调研中企业反映,"一次性改造费用和后期运维费用、管理和培训精力,均对我们提出了较大的挑战""数字化工具的成本较高,需要投入的资金量较大,还会面临更多付费升级问题"。此外,在与供应商展开的集中座谈中,多数供应商也提及了中小企业数字化转型的成本问题,认为数字化转型成本高是当前制约中小企业开展数字化转型的重要因素。

进一步对比分析发现,制造业企业所面临的数字化转型成本压力相比于非制造业企业成本压力更大,专精特新企业所面临的数字化转型成本压力相比于非专精特新企业成本压力更大,成立年限为21~30年的中小企业面临的数字化转型成本压力更为突出。

二、数字化转型综合性强,企业可用人才不足

企业数字化转型是一个将数字化技术逐渐融入企业生产、运营等各个环节的过程。这就要求企业在开展数字化转型的过程中拥有既懂数字化技术又懂业务的人才。然而,实践中,限于企业规模、薪酬待遇、运营成本等因素,可用人才不足成为企业在开展数字化转型的过程中面临的又一突出问题。该问题突出表现在:需求端方面,企业自身一方面缺乏可以从事或领导企业开展数字化的人才,一方面企业员工普遍数字化素养和能力不足,不能良好地配合或适应企业数字化转型相关工作的开展;供给端方面,数字化服务供应商企业虽然具备大量高数字化素养和能力的员工,但是其项目经理和骨干员工往往对需求方企业的业务不熟悉,尤其是涉及专业化知识较多的行业,如高端设备制造等行业。实地

调研中企业反映,"第一缺的人,就是供应商拥有的具有专业知识的人""企业内部缺乏数字化人才,缺乏云计算、大数据、人工智能等知识的储备和应用经验,不能很好地与业务进行融合"。

专项调查中,访谈中有39%的企业、问卷调查中有38%的企业表示,数字化转型人才缺乏是其面临的突出问题。进一步对比分析发现:制造业企业(69.2%)在数字化转型中面临的人才缺乏和员工能力不足压力比非制造业企业(62.4%)更大,非专精特新企业(39.1%)相比专精特新企业(38.0%)在企业数字化转型中面临的人才缺乏的压力更为突出,成立年限为30年以上的企业(53.8%)在数字化转型中面临的人才缺乏的压力更为突出。

三、安全意识提升,企业担心数字化转型中的数据安全问题

近年来,随着国家对网络安全的宣传力度不断加大和出于保护企业核心竞争力的考虑,企业的数据安全保护意识日益提升。实践中,数字化转型意味着有更多的企业关键信息、数据在网络空间中流转、存储,这无疑加大了数据安全风险敞口,使得数据安全问题成为阻碍企业开展数字化转型的另一重要问题。结合企业的实际情况调查发现,存在数据安全方面顾虑的企业集中于以下两类:①对数据安全具有较高要求的企业,如涉及军工、航天等特殊领域的企业。此类企业普遍表示了对国外数字化服务商所提供产品在数据安全方面的不信任,希望可以基于自研或国产替代产品开展数字化转型。调研中有企业反映"在CAD(计算机辅助设计)、CAE(计算机辅助工程)和PDM(产品数据管理)层面

可供选择的国内软件偏少，费用投入大，一旦投入又担心将来有可能切换的兼容性"。②曾经遭受过外部网络安全攻击或有过数据泄露的企业。此类企业由于前期在数据安全意识、数据安全防护能力等方面存在欠缺，数据安全事件为企业造成了巨大损失和困扰，因此对数字化转型中潜在的数据安全问题格外关注。

专项调查中，调查问卷中有30.3%的企业、访谈中有22%的企业表示了其对数据安全问题的担忧。对调查问卷数据进一步分析发现：相比于非专精特新企业，专精特新企业对企业数字化转型中存在的数据安全问题更为担忧；相比于非制造业企业，制造业企业更加担心数字化转型中的数据安全问题；成立年限为6~10年的企业在数字化转型中面临的数据保护与数据安全的压力最为突出。

四、企业数字化转型路径不清晰

企业数字化转型需要结合企业规模、发展阶段和行业特征等实际情况循序渐进地展开，这使得企业数字化转型呈现出"千企千面"的特征。如何探寻、摸索出一条适合企业自身情况的数字化转型道路，则成为一个摆在众多中小企业面前的重要问题。调查数据显示，15.5%的中小企业面临着缺少规划，不清楚数字化转型如何展开的问题。进一步对比分析发现，相比于非专精特新中小企业，专精特新中小企业在此方面面临的问题更为突出；成立年限超过30年的中小企业，相比于其他成立周期的企业，在数字化转型规划方面的问题更为突出；中小企业中从事制造业的企业，相比于非制造业中小企业在数字化转型规划方面面临的问题更为突出。

事实上，除企业完全自主制定规划以外，模仿学习与自身相比，在业务、技术、规模等方面具有高度相似性且在数字化转型方面具有成功经验的企业，也是破解数字化转型路径选择问题的重要思路。然而，在实践中，由于中小企业多为具有专业化生产技术或工艺，且能生产特色和创新性产品的企业，这使得中小企业往往难以找到合适的学习目标企业。如图8-1所示，有将近30%的中小企业表示"缺乏可借鉴的经验或行业标杆"。其中，相比于专精特新企业，非专精特新企业在数字化转型过程中缺乏可借鉴的经验或行业标杆的问题更为突出。成立年限超过30年的中小企业相比于其他成立周期的企业在此方面面临的挑战更为突出。从属于制造业的中小企业相比于非制造业企业，其在数字化转型过程中可借鉴的经验或行业标杆更为匮乏。

五、企业数字化转型缺少适配的数字化方案或技术

从现有的数字化转型方案来看，大部分解决方案提供商都热衷于做面向行业大型企业的数字化升级改造通用方案，很少有服务商能够深入中小企业的实践，根据中小企业研发、设计、生产、营销、管理、服务等场景，提供更具针对性的解决方案，这使得中小企业面临着"无方案可选"的问题。比如，实地调研中，有企业反映"较难找到适合的数字化软件，通用性越强，专用性就越差，而专用性改造会增加额外的费用""主营业务复杂多样，市场上缺乏成熟的数字化系统，在系统选择中面临较大困难"。问卷调查数据显示，将近24%的中小企业认为缺少适配的数字化方案

或技术是阻碍其开展数字化转型的重要因素之一。

进一步对比分析发现，相比于非专精特新企业，专精特新企业所面临的数字化方案或技术适配的问题相对较小，这可能是因为专精特新企业的生产设备或服务模式相对更为先进和灵活，数字化方案或技术的选择空间更大；成立年限超过 30 年的企业，可能由于设备老化等问题，其设备改造难度更大，面临的适配的数字化方案或技术缺乏的问题更为突出；相比于非制造业企业，制造业企业的生产设备往往更多，设备改造难度大，缺少适配的数字化方案或技术的问题更为突出。

此外，访谈中，有中小企业表示，由于缺乏统一的国家标准，传统的企业信息管理系统服务商出于持续获取收益等方面的考虑，人为制造了许多"数据孤岛"，各类信息系统之间的数据难以有效融合，也很大程度上提升了企业开展后续数字化转型时寻找合适的数字化方案或技术的难度。在针对数字化转型供应商的集中座谈中，有供应商表示，出于长期持续为企业提供数字化转型相关服务的考虑，有的企业确实会人为设置一些数据"壁垒"，但近年来，数字化转型服务供应商，尤其是国内的数字化转型服务供应商，更加关注于通过搭建"数字化转型服务生态圈"的方式，为中小企业提供多样化和可持续的数字化转型服务。供应商在此方面的转变对打破企业内部数字化转型的"数据孤岛"将会产生积极意义，但不同供应商主导的"数字化转型服务生态圈"之间是否将会产生新的"数据孤岛"和"业务孤岛"的问题，则需要加以跟踪关注。

六、数字化转型成效难评估

企业作为市场活动的主体，获得收益是其开展经济活动的重要目标。可以真真切切、实实在在感受到数字化转型为企业带来的收益是企业开展数字化转型的重要驱动力。然而，企业数字化转型通常具有复杂性和多样性的特征，难以通过单一的指标和目标评估数字化转型的成效。此外，企业数字化转型的效果往往具有长期性和滞后性，企业数字化转型带来的变化，往往需要一段时间以后才能体现出实际效果，这使得企业难以在短时间感受到数字化转型所带来的成效。

问卷调查中，有22%的中小企业表示"算不清""看不到"企业数字化转型的价值是其难以下定决心开展企业数字化转型的重要原因。进一步分析对比发现，相比于制造业企业，非制造业企业由于产出具有非标准性，其对数字化转型的成效更加难以评估；相比于成立年限长的企业（成立年限超过20年），成立年限短的企业（成立年限20年以内）受到数字化转型"长期性和滞后性"特征的影响更为突出，更加认同"难以评估数字化转型的价值"是阻碍其开展数字化转型的重要原因。

七、数字技术与企业业务融合困难

将数字技术与企业业务有机融合是开展企业数字化转型的重要内容。然而，实践中，由于企业业务本身具有特殊性、数字化转型规划不清晰、过于强调"技术驱动"而非"业务驱动"以及数字化转型实施团队与业务部门沟通不充分等原因，导致了企业在数字化转型过程中面临着数字技术无法与企业业务有效结合的问题。在针对中小企业的访谈中，有企业表示，现有的服务商所提供的数字化技术较为僵化，无法适应自己企业的业务需求，也是产生技术与业务结合不佳的重要原因。在针对供应商的集中座谈中，有供应商企业表示，不同的数字化技术所针对的数字转型场景有所不同，有时在"业绩压力"下，不得不为企业提供技术服务，此时难免会使企业产生数字化技术与业务无法有效结合的感受。

问卷调查中，有18.9%的中小企业表示，数字技术与企业业务无法有效结合是其开展数字化转型中面临的主要困难和阻碍。进一步分析对比发现，相比非专精特新企业，专精特新企业由于企业业务本身具有突出的专业性和特殊性，其在数字化转型中更易出现数字技术无法与企业业务有效结合情况；制造业企业相比于非制造业企业在数字化转型中更易出现数字技术与现有业务难以有效结合的问题；成立年限在30年以上的企业，相较于其他成立周期的企业在数字化转型过程中面临的数字技术无法与企业业务有效结合的问题更为突出，其中，成立年限在30年以上的企业在此方面面临的问题尤为突出。

八、数字化转型面临组织变革阻力

企业数字化转型往往需要对现有的业务流程和组织架构进行调整和重新设计，进而会使得组织内部原有的运行模式受到冲击。组织惯性成为企业数字化转型重要阻碍。例如，某些员工可能对变革持怀疑态度，担心自己工作会受到威胁，或是需要耗费过多的时间和精力熟悉新的工作流程、学习新的工作技能。访谈中，有中小企业表示，以往的企业信息化曾经为企业带来了巨大的管理阵痛，在企业数字化转型中，如何有效克服组织惯性、减少员工抵制情绪成为企业着重考虑的问题之一。此外，有的专精特新企业表示，作为大型央企、国企的二级单位或三级单位，需要服从上级单位的统筹规划，企业自身缺乏数字化转型的决策权，开展数字化转型往往需要层层论证、层层审批，数字化转型的积极性受到了严重影响。在针对数字化转型服务供应商的座谈中，有供应商指出，在以往的工作中，出现过中小企业内部员工不配合甚至阻碍相关工作的现象。

问卷调查中，有9.9%的中小企业认为企业内部转型阻力较大是其数字化转型中面临的主要问题。进一步分析对比发现，专精特新企业相比于非专精特新企业，在数字化转型中来自企业内部的阻碍更大；制造业企业相比于非制造业企业在数字化转型中面临的内部阻碍更多；成立年限为30年以上的企业相比其他成立周期的企业，在数字化转型中更易受到企业内部的阻碍。

九、认识不足，不愿意开展数字化转型

数字经济时代，开展数字化转型以实现企业持续发展和成功日益成为各类企业的广泛共识。然而，实践中依然存在一些中小企业对数字化转型认知不全面、不深入，甚至存在抵触情绪的现象。具体如下：①对展开数字化转型的重要性和必要性认知不足。调研发现，有的专精特新企业表示目前企业的生产、业务模式已经足以支撑企业的生存和发展，没有太多必要开展数字化转型。②对数字化转型涉及的技术和工具认知不足。调研发现，有近60%的中小企业将企业信息化的管理软件和工具混同为支撑数

字化的管理软件和工具，对大数据、云计算、人工智能等数字化技术应用场景和潜在效益认知匮乏。此外，中小企业普遍将数字化转型视为单一数字化技术的应用，对数字化技术应用的综合性认知不足。③对数字化转型存在抵触心理。调研发现，前期开展信息化的过程中"有过失败经历"的中小企业，对开展数字化转型存在明显的抵触心理。

十、支撑数字化转型的基础设施薄弱

企业开展数字化转型需要以一定的基础设施为支撑。通过调研发现，当前中小企业数字化转型基础设施薄弱主要体现在以下五个方面：①网络和通信设施不完善。部分中小企业网络基础设施不稳定、带宽不足或覆盖范围有限，难以为数字化转型中的数据传输、网络连接和信息流动提供有效支撑。②数据中心和云基础设施不足。有的中小企业缺乏现代化的数据中心设施或云基础设施，无法支持大规模的数据存储、分析和应用，使数字化转型的规模和效果受到了限制。③IT设备和软件过时。若企业的IT设备老旧、性能低下，使用的软件版本过时，无法满足新的技术要求，使数字化转型的能力和效率不能充分发挥。④安全意识薄弱，灾备能力不足。大部分中小企业的安全意识薄弱，并普遍缺乏灾备和恢复机制，这不仅难以为数字化转型提供基本的数据安全保护支撑，也大大增加了数据泄露、损坏或丢失的风险。⑤缺乏智能化和自动化技术支持。中小企业的基础设施普遍缺乏集成智能化和自动化的支持技术，无法实现高效、精确和可持续的业务运作，推升了数字化转型的设备改造成本和周期。

第2节　加快推进北京市中小企业数字化转型的政策建议

一、加强宣传培训，进一步提升中小企业对数字化转型重要性的认识

改变认知是推动中小企业数字化转型的第一步，不少中小企业管理者对数字化转型的认识还停留在信息化层面，缺乏与数字化转型相关的专业知识和技能，对数字化转型的路径、切入点、服务商、可能遇到的困难和转型成效认识不足。

针对以上问题，一是建议推出面向中小企业管理者的企业数字化转型系列课程，邀请数字化转型成功的标杆企业、数字化产品服务商、专家学者等从不同角度对数字化转型的重要性、转型思路、经验方法、成功案例和相关政策进行普及，定期开展讲座或组织数字化相关培训，引导中小企业管理者理解数字化转型的必要性和趋势，树立数字化转型的紧迫意识与坚定决心；二是定期组织中小企业负责人去数字化转型成功的标杆企业观摩调研，开展经验交流和研学活动，拓宽中小企业管理者的视野，学习转型成功企业的成功经验和转型实施路径，从而帮助中小企业更加准确地找到适合自己的转型方向和路径。

二、丰富数字化转型服务商资源池，增强供需匹配度

专精特新中小企业行业垂直度比较高，缺少适配的数字化解决方案、前期选型沟通成本高是转型过程中面临的主要痛点之一。调研中也发现,不少中小企业最希望获得的公共服务之一是行业性数字化转型技术或解决方案。虽然北京市具有非常丰富的市场化服务主体,专精特新中小企业中也有不少是提供数字化相关服务的企业,但是目前市场化的服务主体与公共服务体系缺乏有效的衔接,很多不为中小企业所知,市场化数字化转型服务的知晓度还比较低。

针对以上问题,一是建议征集、培育和打造一批面向北京市专精特新重点行业的数字化转型服务商,构建通用性和行业性兼具的数字化转型服务商资源池,从行业分布、业务环节、服务内容、应用场景、成功案例等方面对数字化转型服务商做好梳理,丰富数字化产品、服务和技术供给,认证一批优秀的供应商,给予荣誉或资金的支持,培育数字化服务商生态;二是建议在中小企业公共服务平台进一步强化数字化转型相关的服务内容,面向北京市专精特新重点行业搭建行业性的数字化转型一体化服务平台,以平台为牵引,汇聚各类具有服务意愿和能力的平台企业、服务商、科研院所等多元化服务主体,方便中小企业根据所在行业和转型需求进行查询比较,同时定期按照行业和细分领域组织供需对接活动,增强中小企业对数字化转型产品及方案的了解,降低中小企业数字化产品型沟通和时间成本,提升中小企业数字化转型服务的供需匹配度。

三、集采通用型数字化产品，服务中小企业数字化转型共性需求

专精特新中小企业数字化转型既有个性化需求，也有很多共性需求，调研发现60%以上的专精特新中小企业数字化转型方式是购买通用型的数字化转型产品或解决方案。

针对专精特新中小企业数字化转型的共性需求，一是建议遴选若干有良好声誉和技术能力的供应商，集采通用型和标准化数字化产品和服务，降低中小企业数字化转型的成本；在选择服务和产品选择方面，优先考虑那些应用广泛、成熟稳定、具有发展潜力的服务和产品，例如研发设计工具、云基础设施平台、工业软件、云计算和数据存储服务、ERP等信息系统、协同办公、网络安全防护等。二是建议探索面向专精特新中小企业的普惠性数字化服务包，针对专精特新企业需求量大和应用面广的云计算和物联网等基础硬件，研发设计等应用软件，以及数据运维和大数据分析等服务，分别推出若干优惠套餐，供应用企业自愿选择。三是建议建立完善的服务评价和反馈机制，根据企业使用反馈动态调整集采产品供应商和服务产品，确保中小企业能够从集采的产品和服务中真正获益。

四、打造数字化转型标杆企业，服务细分行业企业数字化转型需求

座谈和调研发现，缺乏可借鉴的经验和行业标杆、企业数字化转型路径和目标不清晰等是制约中小企业数字化转型的主要问题之一。

针对以上问题，一是建议以专精特新中小企业为重点，聚焦新一代信息技术、人工智能、生物医药、智能制造等北京市高精尖产业领域，按照企业不同营收规模，优先选择企业负责人重视、管理基础良好、生产运营正常、人才资金有基本保障、可复制性较强的企业作为数字化转型重点支持企业，逐步树立一批可学可仿的转型样板企业，形成一批能在细分行业和领域可规模化复制推广的数字化解决方案，对转型成效突出的企业给予配套奖励，带动一批同等规模、同样行业和细分领域企业转型；二是建议加强对转型示范企业和标杆企业经验和做法的总结，按照细分行业制定数字化转型指南，通过案例汇编、实施指南、视频宣传、游学观摩等多种方式加大对典型企业的宣传力度。

五、优化数字化转型财政补贴政策，精准发挥财政资金的引导作用

中小企业数字化转型是一个循序渐进、持续投入的过程，除了初期购买数字化软件和硬件的一次性投入，还有持续的运维服务。此外，北京市专精特新中小企业中有60%以上属于科技和信息服务业，调研中发现不少企业数字化转型的方式是通过自主开发数字化平台和系统的方式进行，很难享受现有的补贴政策。

基于以上问题，建议从如下四个方面进一步优化现有的数字化转型财政资金补贴政策，从而更好地发挥财政资金的引导作用。一是扩大数字化转型财政资金支持范围，除了购买数字化软件和硬件服务，建议将数字化运维服务、数字化软硬件租赁服务、企业通过自主研发方式开展数字化转型等纳入政策支持范围，对于

采用自主研发方式进行数字化转型的企业，可以采用税收减免或研发费用抵扣等方式；二是优化政策覆盖的时间范围，将企业购买数字化服务或产品的合同时间从上一年度调整为上一年度或累计三个年度等多种方式，引导更多中小企业持续进行数字化转型投入；三是适当降低数字化转型财政资金补贴的门槛，扩大财政资金的覆盖范围，让更多的中小企业获益；四是出台针对优秀数字化服务商的奖励支持政策，鼓励工业互联网平台、头部数字化服务商打造中小企业数字化转型样板企业，根据其服务成效、服务金额或服务企业数量给予一定的奖励，激发其为中小企业提供低成本数字化产品或服务的积极性。

六、进一步拓宽北京市中小企业数字化转型融资渠道

作为科技型中小企业，专精特新企业自身资金有限、研发投入高、生存压力大，难以腾出一定规模的资金进行数字化的投入。调研发现数字化转型成本高、缺少资金是制约北京市专精特新中小企业数字化转型的首要困难。

针对以上问题，一是建议鼓励金融机构加强金融产品创新以拓宽数字化转型的融资渠道。鼓励金融机构设立专精特新中小企业数字化专项贷款，对于贷款企业条件、资金使用方法和贷款利率等做出明确要求，通过贷款贴息、融资租赁、产业基金等方式，支持企业通过融资租赁方式购置设备进行数字化改造，适当提高授信额度，加大对企业数字化转型的支持力度，以进一步降低企业转型成本，促进中小企业数字化转型及时获取所需融资。二是建议鼓励金融机构与数字化服务商等合作，合规利用生产运营数

据，提供信用评估、信用贷款等金融服务，为企业获得融资增信，激发中小企业数据资产活力。

七、完善数字化转型人才体系，丰富数字化人才供给

企业数字化转型需要既懂业务又懂技术的复合型人才，调研中发现，缺少数字化人才或现有员工数字化能力不够是制约北京市专精特新中小企业数字化转型的主要困难之一，专精特新中小企业需求量排在第一位的公共服务是数字化人员培训和技能提升服务。

针对以上问题，一是建议完善分级分类的培训体系，联合行业协会、高校等推出面向企业员工的数字化技能提升课程，鼓励中小企业加大对管理人员、业务骨干和基层人员的数字化知识和技能的培训投入，提升企业员工的数字化素养；加强对数字化技能人才培训的政策支持，对培训费用采用税前全额扣除政策。二是建议支持数据库、云计算和平台企业等数字化服务商与高等院校和职业院校开展合作，鼓励高校和科研院所推进数字化交叉学科建设，加强复合型数字化人才培养，增加数字化人才供给，组织开展专精特新中小企业数字化专场人才招聘，帮助企业引进所需的具有相关经验或技能复合型人才。三是建议引入外部数字化人才，探索专精特新中小企业数字化转型诊断顾问制度，筛选优质管理咨询机构、专家团队和优秀服务商，通过政府采购服务形式面向专精特新等重点企业群体开展数字化转型诊断服务，帮助企业明确转型需求、问题和路径，推动中小企业加快数字化转型升级。

八、加强数据安全和信息保护，营造安全可靠的数字化环境

调研中发现，中小企业数字化转型面临的主要困难和障碍，除了资金和人才外，排在第三位的是担心数据和信息安全。中小企业在数字化转型过程中面临着数据泄露、网络攻击等安全和隐私问题，这制约了其数字化转型的意愿。

针对以上问题，一是建议进一步健全数据安全与监管体系建设。完善数据确权、网络安全、风险识别、数据泄漏等领域法律体系建设，加强对网络安全事件的预警和监测，加大数据安全执法力度，营造数字化转型良好环境。二是建议加强对数据库、云计算、研发设计、工业软件、人工智能等数字化转型关键技术领域的研发支持力度，发挥北京市专精特新中小企业软件和信息服务业产业集群优势，渐进式推进关键技术领域的国产化替代。三是建议加强对数据安全领域服务商的培育，指导数字化服务商、工业互联网平台和数据安全服务商等，从云、网、端、数据等维度加强安全保障体系设计，强化数据全生命周期安全管理，鼓励第三方服务商对专精特新中小企业数据安全提供咨询、评估和运维服务，提升中小企业数字安全能力，消除中小企业对数据安全的顾虑，切实保障中小企业数据安全和权益。

九、分层分类开展服务，完善数字化转型公共服务体系

一是建议充分考虑不同阶段中小企业数字化转型需求，完善分层分类服务体系。从"转型认知—标准制定—平台建设—服

务商培育—供需对接—要素支持—成效奖励—示范推广"等方面构建全流程的服务体系,满足不同规模和不同发展阶段企业对数字化转型公共服务的需求:加强数字化转型初期起步阶段企业的培训、咨询、诊断和标杆企业经验交流等服务;强化数字化转型中期推进阶段企业的资源对接和要素支持服务;加强数字化转型深度应用阶段企业的经验总结和示范推广等服务。二是建议鼓励各类社会组织积极参与中小企业数字化转型升级工作,汇聚行业协会、科研院所、专家智库、产业园区等社会优质数字化服务资源,开展咨询服务、技术研发、供需对接、行业推广、培训交流等活动,为中小企业提供高质量和多维度的普惠性和公益性数字化转型服务。产业园区或行业协会可重点提供共性技术、行业平台、行业服务商对接等公共服务;高校和科研院所,可重点提供人才培训、专家智库、知识普及、典型案例、诊断咨询等公共服务。

十、发挥北京市信息服务业聚集优势,构建数字化服务生态圈

不同于其他省份中小企业的行业构成以制造业为主的格局,北京市70%左右的专精特新中小企业属于服务业,其中30%左右属于软件和信息服务业。相对于一般专精特新中小企业,处于这一行业的中小企业普遍具有较高的数字化程度,很多也是数字化技术和产品的服务商,在赋能中小企业数字化转型中发挥着重要作用,这构成了北京市专精特新中小企业的显著特色。此外,北京市具有全国最为丰富的数字化服务商资源。

基于以上现状，一是建议立足北京市专精特新企业软件和信息服务业聚集的特色，充分发挥北京市数字化服务商数量多和覆盖行业广等优势，将头部数字化服务商的知识能力赋能中小企业，打造具有北京特色的数字化服务生态圈。二是建议按照数字化转型应用场景、业务环节和服务产业等对北京市数字化服务商企业进行系统梳理，纳入数字化服务商资源池名录，加强对企业及典型案例的宣传推广力度，定期组织供需对接和交流活动，扩大企业的知名度。除了服务于北京市中小企业的数字化转型，赋能全国各地不同类型企业的数字化转型，在服务国家和各地数字经济发展中凸显北京独特贡献。